Zum besseren Verständnis habe ich das Tagebuch in drei Farben geschrieben. Somit kann man sofort erkennen, wer gerade spricht.

Schwarz : **Ich**

Schwarz : *Teufelchen*

Schwarz : Engelchen

AF220344

Prolog

Hier sitze ich nun mit meinen 58 Jahren und lasse meinen Gedanken freien Lauf! Was mach ich mit dem angebrochenen Tag?

Na komm, dich juckt`s doch in den Fingern. Mach schon, ruf Skat Palast auf!!!

Typisch Teufelchen! Nee, ich habe keine Lust. Bloß was mache ich dann? Die Zeit will nicht vergehen.

Wenn man sich auch nicht beschäftigen kann, brauch man sich nicht zu wundern.

Ja, ja – Du hast Recht – Aber da kann ich eben noch mit 58 Jahren lernen.

Schreib ein Buch, über Dich, eine Art Tagebuch. Das kannst du doch. Du hast doch schon 2mal angefangen.

Engelchen – 2 kleine Geschichten, ja aber doch kein Buch.

Warum nicht, probier es aus. Wenn es schief geht, ist es doch nicht so schlimm. Die Zeit hast du jedenfalls sinnvoller rumgekriegt.

Ich werde es versuchen, der Anfang ist gemacht. Wie wollen wir es nennen?

Ein Tagebuch – Titel?

„ Von Einem der auszog, sein Leben zu verpfuschen „

Nein, das klingt so endgültig. Ich habe in meinem Leben oft Mist gebaut. Hatte aber das Glück auf meiner Seite, um mein Leben wieder in geordnete Bahnen zu lenken.

Stimmt, hielt bloß nicht lange an.

Du bist heute aber wieder in Hochform.

Bei unserem Lutzie immer!!!

Also, einen Titel haben wir noch nicht.

Nicht so schlimm, verschieben wir auf den Schluss.

Genau! Für mich stellt sich jetzt die Frage, seit wann nehme ich Euch eigentlich bewusst wahr?

Bewusst – lass mich kurz überlegen!

Ich meine seit der Schule, 1966 bist Du eingeschult worden, wenn ich es recht in Erinnerung habe.

Stimme ich Teufelchen zu.

Dann fangen wir das Tagebuch auch mit dem 1. September 1966 an, den Tag der Einschulung.

Lass uns anfangen, jetzt wird es lustig.

Alles schön zusammen tragen und immer bei der Wahrheit bleiben, igittigitt!

Na ein bisschen Flunkern ist schon erlaubt, es soll ja kein Bestseller werden, der vor Nüchternheit nur so strotzt. Lachen oder Schmunzeln ist daher erlaubt.

Kapitel 1 – Der erste Schultag

Ich wurde am 1. September 1966 in die POS V in Dessau – Süd eingeschult.

<u>Du musst das für die Wessis unter den Lesern übersetzen!!!</u>

Ach so, also Polytechnische Oberschule Fünf.

Schulranzen und Zuckertüte, Mensch war ich Stolz in die Schule zu kommen.

Ach, hat dich Mutti wieder fein gemacht für diesen Tag. Karierter Anzug mit Lederabsatz an den Taschen. Einfach schnique sah er aus, ihr Goldsohn.

Da ist es ja schon raus, ihr Goldsohn, wie ich das gehasst habe.

<u>Goldsohn, ist nun mal Fakt, denn ihr Goldsohn sollte der Mutti viel Freude bereiten, war ja das Vorzeigekind und die Leute, was die wohl sagen würden?</u>

Na da haben wir ja auch den zweiten Brocken auf dem Tisch. Ach, was war meiner Mutter das wichtig, was die Leute sagen könnten.

Wenn man der Liebling des Häuserblocks war und immer lieb und nett zu den anderen Leuten war, dann konnte Mutti immer stolz auf ihren Goldsohn sein.

<u>Ist auch nicht verkehrt, zu den Leuten nett und freundlich zu sein, denn die heutige Jugend hat das wohl nicht gelernt und könnte sich da schon mal was abschauen. Damals gab es keine Handys oder Telefone in der DDR.</u>

Wie konnten da die Kinder bloß überleben? Ist ja unvorstellbar!!!

Wir schweifen ab, obwohl alles stimmt was ihr sagt. Lasst uns weiter machen, sonst sitzen wir Pflaumenpfingsten noch hier und sind nicht über den Einschulungstag hinaus gekommen.

Also, ich bin in die 1b gekommen und wollte unbedingt neben Andreas sitzen. Meine Klassenlehrerin, Frau Zabel, setzte uns aber wieder auseinander.

War doch ein abgekartetes Spiel!!! Eltern und Lehrerin hatten das doch im Vorfeld schon abgesprochen.

<u>Kam Andreas sogar nicht dann in die 1c?</u>

Nein, er kam in die 1a.

<u>Das du dich noch so gut daran erinnern kannst, Wahnsinn.</u>

Ihr wisst doch, Fotographisches Gedächtnis!!!

Nun hau mal nicht so auf den Putz. Weißt du denn auch noch, wo du gesessen hast?

Ja, klar. Fensterreihe innen, 3 Reihe von vorn.

Respekt, ziehe den Hut, wenn ich einen aufhätte.

Ich weiß auf jeden Fall, dass ich sehr traurig war und die Zuckertüte nicht mehr so wichtig war. Ich ging zu meiner Mutter und erzählte ihr von meinem Leid.

Du bist zu deiner Mutti gegangen, bitte schön.

Ja, Mutti. „Mutti die Lehrerin hat mich nicht mit Andreas zusammensitzen lassen. Das ist aber gemein von ihr."

Mutti nahm ihren Goldsohn in den Arm und sagte „ Lutzie da hat sich die Lehrerin bestimmt was dabei gedacht. Pass immer schön auf im Unterricht, dann bekommst du gute Noten. Es ist nicht so wichtig neben wem du sitzt."

Na, wolltest du nicht gleich die Schule schmeißen? Und wie fühlte sich der erste Ärger so an?

Das weiß ich nicht mehr, aber Lebe ging weiter.

Gott sei Dank, sonst wären wir ja jetzt schon fertig.

Jetzt fängt der wieder mit seinem „Gott" an, ich komme mir vor wie in der Comedy Hall, bei Abratzo und Körbel mit „Niggese".

Lasst uns Kapitel 2 beginnen!!!

Dir zu Liebe!

Kapitel 2 - Die Schulzeit

Die Schulzeit ging seinen Gang, Mutti alles recht gemacht. Gute Noten mit nach Hause gebracht und aufgepasst im Unterricht.

Deshalb Betragen 3, weil der Herr im Unterricht laufend gestört hat.

War eben oft langweilig. Ich hatte es schon längst verstanden und trotzdem hat die Lehrerin alles doppelt und dreifach erklärt.

Es waren eben nicht alle Kinder so schlau wie du.

Apropos schlau, na Lutzie wie schreibt man den Schule, mit oder ohne „H"

Mein Speziwort!

Na, nur raus mit der Sprache, wir wollen alle lachen.

Wenn ein Diktat anstand, fragte mich die Mutti: "Na Lutzie, wie war das Diktat und wie oft kam Schule vor?" „Mutti, es war sehr gut. Es kam 2-mal Schule vor und einmal habe ich es mit und einmal ohne "H" geschrieben. Also nur ein Fehler."

Was heißt hier einmal mit „H" und einmal ohne und 1 Fehler!!! Du hättest gleich auf mich hören sollen und es dir einprägen können. Warst doch sonst so ein helles Köpfchen.

Es wollte mir einfach nicht gelingen, dafür klappte es mit der Mathematik umso besser.

Da konnte ich dich wirklich nicht verunsichern. Du musstest nie lernen, hast immer ne eins geschrieben. Nur das Wort Schule war zu meinem Spaß geworden.

Ja, die Schule fiel dir leicht, nur das Wort nicht. Doch später sollte es dir zum Verhängnis werden.

Als es anfing, in den Fremdsprachen Russisch und Englisch Vokabeln zu lernen. Unmöglich, aber Gedichte konnte ich wieder auswendig lernen. Wie gesagt komisch. So bekam ich auch die ersten Dreier aufs Zeugnis.

Wenn ich so auf dein Zeugnis schaue, finde ich ja noch 2 Dreier!!!

Jetzt lass die Kirche im Dorf, Teufelchen. Betragen 3, Kopfnote und Rechtschreiben 3, Teil von der Deutschnote. Also keinen Einfluss auf den Gesamtdurchschnitt. Das Zeugnis der 8. Klasse Durchschnitt 1,5. Die Entscheidung Gymnasium oder nicht.

Klasse, jetzt sind wir im Spiel.

Das Leben ist kein Spiel, es ist Ernst. Lutzie musste sich beweisen. Er musste zum ersten Mal eine Entscheidung treffen, obwohl Mutti das ja immer noch für ihren Goldsohn machen durfte. Er war ja noch nicht volljährig.

Ja, ja die Mutti. Die traf auch noch nach der Volljährigkeit gerne die Entscheidungen für Sohnemann. Denn aus dem Goldsohn wurde bald das Problemkind Nummer 1. Und Entscheidungen konnte er noch nie richtig treffen.

Wenn ich mal eine eigene Entscheidung treffen wollte, "Lutzie ich will doch nur das Beste für dich und schau dich an, es ist doch alles zu deinem Besten geschehen. Wenn du dein Abitur machst, kannst du studieren und musst nicht an der Werkbank stehen. Du mit deinen zwei linken Hände, bist für die körperliche Arbeit nicht geschaffen."

Bei dem Zeugnis und der Ansprache von Mutti, war es doch unmöglich „Nein" zu sagen, oder?

Du sagst es. Ich hatte keine Wahl.

Kapitel 3 – Das Gymnasium

Also Gymnasium, ich komme in die 9E3

Wie 9E3, was ist denn das für eine Bezeichnung?

9. Klasse, Englischklasse und da es 3 Klassen gab, also 3. Gleich einmal ein paar Arbeiten geschrieben, zur Überprüfung des Leistungsstandes, so nannte man es damals. Alles erstmals mit ner 5 absolviert. Ich dachte, ich bin im falschen Film. Ich habe die Welt nicht mehr verstanden.

Und wolltest du nicht gleich schmeißen.

Na klar, du hast ihn ja laufend in den Ohren gelegen, mit schönen Leben vorbei, lernen, lernen und nochmals lernen. Hast jetzt keine Zeit mehr für .....

Wenn ihm an der POS V nun mal alles ohne Lernen von der Hand ging, warum sich den Stress hier am Gymnasium aussetzen?

Ich war auf einen solchen Noteneinbruch nicht vorbereitet und auf intensives Lernen auch nicht.

Ich habe es dir von Anfang an gesagt, es wird schwer, du musst dich durchbeißen. Das Gymnasium ist kein Zuckerschlecken. Wo ist denn der Strahlemann geblieben?

Ich habe mich hängen lassen. Englisch und Russisch waren das Grauen, Mathematik ging noch. Aber die Entscheidung stand fest. Nach der 10. Klasse ist Schluss.

Super, die Quälerei hat ein Ende und der bequemste Weg war wieder gefunden!!!

Er hat aufgegeben und sich nicht durchgebissen. Wie du schon gesagt hast, den bequemsten Weg genommen. Schade, hier hatte er die Chance und sie vertan.

Aus heutiger Sicht sehe ich es auch so. Die Qualmerei und Sauferei kamen hinzu. Statt zu lernen, habe ich mich lieber mit den älteren Jungs abgegeben und rumgehangen, heute würde man es „chillen" nennen. Die Schule war eben nicht mehr mein Ding.

Mein lieber Lutzie, du hast keinen mehr an dich ran gelassen, dich abgeschottet und nur noch auf Durchzug geschaltet.

Mutti und ich hatten auch keine Chance mehr, der Goldsohn wurde zum Problemkind. Und der ganze verzapfte Mist, stammt auch nicht von mir.

Ich habe mir nichts mehr sagen lassen, ich wollte keine Ratschläge mehr, ob nun gut oder schlecht gemeint. Na irgendwie habe ich dann die 10. Klasse abgeschlossen. Keine 4 mehr auf dem Zeugnis, Gesamtdurchschnitt 2,5. Ging eben nochmal mit Ach und Krach gut.

Wie du das geschafft hast, ist mir heute noch ein Rätsel.

Die schlechten Freunde kamen erst später, so dass es schlimmer aussah, als es war. So dass man sagen kann, Schule gemeistert, Haken dran und dann mit der Lehre zum Chemiefacharbeiter begonnen.

Mal was anderes, was war eigentlich mit Mädels und Sex. Wann war Dein erstes Mal?

Können wir das weglassen?

Nee, gehört zum Leben dazu, oder Muss ich die noch erklären, wo die Babys herkommen?

Das weiß ich schon, aber ...

Nichts aber.

Lass ihn jetzt, das ist kein einfaches Thema, denn Mutti musste auch da immer ihren Kommentar zum Besten geben. Und leider hielten die meisten Mädels, es waren nicht viele, den Kriterien der Mutti nicht Stand.

Junge, ich will doch nur dein Bestes und was sollen denn die Leute denken. Bis auf Dagmar Knabe, meine erste großen Liebe, die entsprach den Vorstellungen.

Hattet ihr Sex?

Löchere mich nicht Teufelchen. Wir hatten keinen Sex. Ein guter Freund schnappte sie mir vorher weg.

Da warste vielleicht sauer, was?

Klar, ich habe mir damals geschworen, dem Freund die Freundin ausspannen, ist ein No-Go.

Ist doch legitim. Es gehören immer zwei dazu. Wenn deine Dagmar auch so empfunden hätte wie du, dann wär sie doch bei dir geblieben, oder?

Ist wohl war, und die Zeit sprach ja auch für die Beiden. Sie haben geheiratet und Kinder gekriegt.

Warste also noch Jungfrau?

Das Thema lässt dich nicht los, was?

Das ist seine penetrante Neugier.

Na, dann lass mich nicht so lange betteln.

Das Mädchen hieß Monika, war 2 Jahre älter als ich. Ich lernte sie nach Dagmar kennen. Sie weihte mich in die Künste der Liebe ein.

Aus welchem Film haste den Spruch, weihte mich in die Künste der Liebe ein, ach wie ramontisch.

Erstens romantisch und zweitens, nörgle nicht an allem rum.

Mutti hatte nichts gesagt?

Konnte sie nicht, sie war zur Kur.

Welch ein Glück für dich, sonst hättest du vielleicht noch Anweisungen fürs erste Mal bekommen, denn sie meinte es doch nur gut mit dir.

Den Lacher hast du voll auf deiner Seite, kommen wir zum nächsten Kapitel.

Kapitel 4 – Die Lehre

Die Lehre war mir wie auf den Leib geschnitten. Mathe, Chemie und Physik waren die Hauptbestandteile der Theorie. War alles mein Ding.

Musstest wieder mal nicht lernen. Viel dir alles zu! Hast du die freie Zeit dann wenigsten für Sex genutzt. Denn Lehrlingsdamen waren ja wohl reichlich vorhanden.

Hast du nur noch dieses Thema im Kopf? Soll es ein Sex-Bestseller werden oder ein Tagebuch.

Bei seinen Aktivitäten im punkto Sex wird wohl kaum ein Bestseller bei rauskommen.

Teufelchen und Engelchen, alles im grünen Bereich. Da ich nicht viel lernen musste, hatte ich viel Zeit, auch häufigen Partnerwechsel, aber nicht mit den Lehrlingskolleginnen.

Hast also wieder mal die Kurve gekriegt.

So sah es den Anschein nach aus, aber der Alkohol hatte mich schon gut im Griff. Ich musste nicht jeden Tag trinken, aber wenn ich einen gebechert habe, dann immer bis zum abwinken und dann war auch nicht mehr viel mit Sex, um deine Frage gleich zu beantworten.

Spielverderber. Mut antrinken, hast du es doch immer genannt, das fand ich schon toll. Nur so viel Alkohol wie du getrunken hast, soviel Mut braucht man bestimmt niemals im Leben.

Jetzt wirst du auch noch sarkastisch. Schlimm genug, dass er sich nicht bremsen konnte und immer bis zum Anschlag gesoffen hat. Das da so wenig passiert ist, ist mir heute noch ein Rätsel. Dann kam ja auch noch das Kummersaufen dazu, das Problembewältigungssaufen und die Schöneweltensaufen.

Wo hast du denn die Begriffe ausgegraben? Habe ich ja noch nie gehört.

Sind mir gerade eingefallen. War sowieso eine schlimme Zeit für mich, ich kam mir vor wie Mutti, Lutzie hör damit auf, es bringt nichts. Fehlte nur noch, was sollen denn die Leute denken. Man warst du zu.

Die Meinung der Leute, war mir schon längst egal, aber deine Hilferufe, Engelchen, hätten es nicht sein dürfen.

<u>Waren es aber. Ich bin mir bis heute noch nicht im Klaren, was du damit bezwecken wolltest. Du wolltest so klug sein und warst dabei dein Leben wegzuschmeißen.</u>

War dabei, aber er hat ja doch wieder die Kurve gekriegt. Das Leben meint es eben doch immer wieder gut mit ihm.

<u>Gott sei Dank.</u>

Jetzt fängst du auch noch damit an, lasst euch mal was Neues einfallen, wie z. B. in 3-Teufels-Namen.

Nun werde nicht gleich sentimental. Wichtig ist, die Armeezeit kam, die Lehre war zu Ende. Ich habe mich für 3 Jahre Armeedienst verpflichtet und bin zur Marine gekommen.

<u>Warst schon ein hübscher Bursche in deiner Uniform.</u>

Ja und die Frauen, sind auf ihn geflogen, e Wahnsinn.

<u>Bevor die Frage nach dem Sex kommt, Kapitel 5.</u>

Hier aber noch eine kleine Auswahl von mir.

1975   1978   1982   1985   1986

Kapitel 5 – Die Armeezeit

Am 1. Oktober 1978 wurde ich dann eingezogen. Ich kam nach Stralsund. Die Grundausbildung sollte ein halbes Jahr dauern.

Sollte, aber der Herr konnte ja den Hals nicht voll kriegen und hat verlängert um ein Jahr.

Ist ja mal nicht schlimmes dran. Ob 3 oder 4 Jahre machen den Kohl nicht fett.

War schon wichtig. 3 Jahre war Soldatenlaufbahn und 4 Jahre Unteroffizierslaufbahn. Die Laufbahnausbildung zum Hydroakustiker verlängerte sich somit um ein halbes Jahr.

Hydroakustiker, solltest du erklären. Kann Keiner was mit anfangen.

Hydroakustik ist nichts anderes als Unterwasserortung. Ich war also verantwortlich, die U-Boote zu orten. Dann beantworte ich auch gleich die nächste Frage.

Ich habe doch noch gar nicht gefragt, ob du auch mit den Mädels von Stralsund Sex hattest.

Um diese Frage geht es ja auch nicht. Denn wenn ich vom Hydroakustikmaat spreche, wäre die nächst Frage gekommen. Maat ist die Bezeichnung bei der Marine von Unteroffizier bei den Landstreitkräften. Und um deine Frage auch gleich noch zu beantworten, ja, ich hatte viele Mädchen in Stralsund. Und mit einigen hatte ich auch Sex.

Gut, bin zufrieden, musste es dir diesmal wenigstens nicht aus der Nase ziehen.

Was kam nach Stralsund, Peenemünde, wenn ich mich Recht erinnere.

Das liegt ja am Arsch der Welt. Und war doch zu Hitlers Zeiten der Stützpunkt der V2-Raketen.

Richtig, die Bunker gibt es immer noch und sie wurden als Munitionsbunker auch noch genutzt. Auch das Kraftwerk aus dieser Zeit war noch in Betrieb. Die 1. Flottille der Volksmarine war dort stationiert. Wir mussten auf Vorposten fahren, um die Seegrenzen der DDR zu schützen. Das ging immer im Wechsel 10 Tage See und 20 Tage im Hafen.

War nicht viel Zeit für Landgang und Mädels, oder? Eingesperrt und Pflichterfüllung für Volk und Vaterland?

So ungefähr. Es gab aber Highlights. Wir waren 9 Monate in der Werft in Rostock zur Generalüberholung und später 3 Monate in Wismar in der Werft zur kleinen Inspektion. Da das Schiff repariert und gewartet wurde, hatten wir viel Landgang. Diese Arbeiten mussten von Spezialfirmen gemacht werden.

Leider war bei diesen Landgängen auch immer viel Alkohol im Spiel.

Für Halligalli und Alkohol bin ich doch zuständig.

Ja, aber sobald der Alkohol ins Spiel kam, setzte bei unserem Lutzie der Verstand aus und war für keinen mehr zu erreichen.

Lass doch dem Jungen mal seinen Spaß.

Spaß ja, aber er kannte kein Maß, musste immer bis zur Besinnungslosigkeit saufen.

Ist doch nicht schlimm, konnte er seine Problemchen wenigstens mal vergessen.

Sie kamen am nächsten Tag aber als Probleme wieder.

Engelchen hat Recht. Sie waren am nächsten Tag wieder da und durch die Sauferei kamen Neue dazu.

Beispiel bitte.

Ich fiel ja dann auch auf und bekam dann die entsprechenden Strafen. Wie Streichung von Landgang, keine Beförderung und auch 2mal Knast von 3 und 5 Tagen.

Jetzt Tacheles, bleib nicht so oberflächlich. Das Tagebuch kann es ab. Vor wen fürchtest du dich?

Vor den Leuten, die vielleicht dieses Tagebuch lesen.

Jetzt oder nie, die Vergangenheit muss aufarbeitet werden. Lutzie muss ganz einfach Farbe bekennen.

Das hätte auch von mir sein können, jetzt bist du der Hartnäckigere von uns beiden.

Egal, schlimmer kannst nicht werden.

Doch. Durch euer Zwiegespräch hatte ich Zeit, darüber nach zu denken. Ich habe es immer noch geschafft einen drauf zusetzen. Beispiel 1: Ich war auf Kurzurlaub und hatte im Zug schon schön einen getrunken. Bin eingeschlafen und man hat mir Geld und Ausweis gestohlen. Ich wurde am nächsten Tag von einem Offizier abgeholt und wieder ins Objekt gebracht. Das war noch in Stralsund. 1 Monat Urlaubssperre. Beispiel 2: Als ich wiedermal auf Urlaub war, war ich in Zivil in der Disco, obwohl ich keine Zivilerlaubnis hatte. Bin in eine Schlägerei gekommen und die Polizei hat mich in den Knast zur Ausnüchterung gesteckt und dabei meiner Einheit die Meldung gemacht, dass ich in Zivil unterwegs war. Strafe 3 Tage Knast. Beispiel 3 kommt jetzt aus Peenemünde. Wir hatten im Unteroffiziersdeck Wodka-Cola getrunken, Mischung 2 zu 1 zu Gunsten des Wodkas. Offizier vom Dienst kam zur Kontrolle und schon hatten sie mich am Arsch. Hatte nochmal Glück im Unglück. Durfte nur zum Fußball nicht mehr aus dem Objekt. Somit war meine Fußballkarriere bei der Marine abrupt zu Ende. Es waren zu viele dabei und so konnten sie mich nicht zu hart bestrafen. Beispiel 4: Mein 2. Offizier und ich waren uns nicht sympathisch, milde ausgedrückt. Er hatte mich zu seinem persönlichen Freund aus erkoren. Die ganze Macht durfte ich spüren. Er war ein echter Narzisst, ein selbstverliebtes Arschloch. Es hat dann soweit geführt, dass ich mich in meinen Hydroakustikraum verbarrikadiert und Tabletten geschluckt hatte. Ich wollte, dass die Drangsalierung ans Tageslicht kommt. Der Schuss ging nach hinten los. 5 Tage Knast war das Ergebnis. Die Krönung war, zur eigenen Sicherheit.

Hier wurde auch deine eigene Labilität sehr deutlich. Es war nicht schwer für mich, dich auf meine Seite zu ziehen. Das mit dem 2.Offizier habe ich aber nicht gewollt, das war Mobbing in Vollendung.

Teufelchen, es liegt nun mal in deinem Wesen, für das leicht Leben zu werben. Meine Aufgabe ist deshalb umso schwieriger, Lutzie auf den rechten Weg zu halten oder wieder zurückzuholen.

Ihr hattet es in dieser Zeit beide sehr schwer mit mir. Wenn ich erst mal in der Scheiße saß, lag es an dir mich auf deine Seite zu ziehen. Ich hatte keine eigene Meinung, woher auch. Also ist es müßig zu sagen, wer es schwerer hatte. Alleine war ich lebensunfähig.

Alles in allem sei froh, dass die Zeit rum gegangen ist.

Es war ja auch immer das gleiche Schema, saufen bis zum abwinken, sich erwischen lassen und dann bestraft werden.

Das du aus dem Mist aber auch nicht mal was gelernt hast und es beim nächsten Mal anders gemacht hast, Fragezeichen?

Ich hatte ja auch immer wieder Glück. Da ich fachlich sehr gut war, wurde ich oft mit Streichung einer Strafe belobigt. Ich schaffte es auch im entscheidenden Jahr keine Strafe zu bekommen, so dass ich meine Beförderung zum Obermaat auch bekam.

In diesem Jahr konnte man wirklich sehen, was in dir steckt und wie du ohne Alkohol zu guten Leistungen fähig bist.

Wenn man über solch eine Zeit nachdenkt, sagt man immer, das schlechte verblasst und das Gute bleibt in Erinnerung. War bei mir leider nicht so. Das Gute, wie die Manöver Waffenbrüderschaft 80 oder die Parade in Berlin zum 30. Jahrestag der DDR, sind verblasst. 1982 kam dann die Entlassung ins zivile Leben.

Warum konnte die Armeezeit nicht dein ganze Leben sein, dann hätte ich dich ganz für mich allein.

Ach Teufelchen, nur wir beide, das wäre langweilig gewesen und nicht von langer Dauer. Ich wäre schon längst nicht mehr am Leben und das Buch hätte es auch nie gegeben.

Du wärst um deine Berühmtheit beraubt worden.

Ich berühmt? Wieso und seit wann? Warum habe ich davon noch gar nichts gemerkt?

Ich kenne keinen Menschen auf der Welt, der so über sein Leben berichtet und so über sein Engelchen und sein Teufelchen schreibt.

Neue Interpretation, gefällt mir.

Ich habe mir auch noch nie so einen Kopf darüber gemacht. Ihr gehört zu meinem Leben, wie Essen trinken und Schlafen.

Und Sex.

Jetzt muss auch ich mal lachen.

Kannst du, unser Teufelchen ist schon so eine Kanone. Lasst uns hiermit dieses Kapitel beenden und zum nächsten kommen, dem Studium.

Ne, ne, ne Armeezeit Ende ja. Aber nicht gleich Studium. Da liegt noch das Jahr Oktober 92 bis September 93 dazwischen. Es war eine Hoch-Zeit für mich.

Kapitel 6 – Saufen, Sex und Trallala

Sehr aufmerksam von dir. Dann machen wir mit einem kurzen Kapitel 9 weiter.

<u>Wie kann man diese Zeit beschreiben?</u>

Saufen, Sex und Trallala. Hört sich doch gut an. Bist zwar arbeiten gegangen, aber nur fürs Saufen Sex und Trallala.

Ist ja gut. Auf den Titel muss man erst mal kommen. Und er ist ja auch schon der Titel von Kapitel 6.

Es ist wirklich ein kurzes Kapitel und ich werde gar nicht richtig gewürdigt.

<u>Manchmal ist es gut so.</u>

Es war die Zeit der Ausschweifungen, Leben, leben und genießen. Keine Disco auslassen, sich von Muttern abnabeln und, und, und.

Engelchen, ist dir was aufgefallen?

<u>Nee, was denn?</u>

Unser Lutzie, oder vielleicht müssen wir jetzt auch Lutz sagen, nennt seine Mutti jetzt Muttern.

<u>Und?</u>

Er nennt es abnabeln.

Gut bemerkt Teufelchen. Nichtdestotrotz werde ich dieses Kapitel meines Lebens nicht weiter ausschmücken.

Ist ja gut, habt mich überzeugt, hier gibt es nichts zu holen für mich.

<u>Richtig bemerkt. Es gibt Dinge im Leben, die gehören zum Leben dazu.</u>

Es ist eine Zeit in meinem Leben, die mich später viel schlimmer mitnimmt und prägt als jetzt und dann können wir ausführlich darüber reden.

Von welcher Zeit redest du speziell, damit ich dann den Einsatz nicht verpasse.

Den Einsatz verpasst du nicht, keine Bange.

Also Kapitel 7 kann es nicht sein, soviel ist sicher, obwohl ich dort auch super Nährboden hatte.

Kapitel 7 – Die Studienzeit

So die Überschrift steht, es geht jetzt in eine Pause. Jeder geht seinen Bedürfnissen nach. Dem Füllfederhalter gönnen wir auch eine Pause.

Nur nicht so lange, denn du bist gut drauf und das tut deinem Tagebuch gut.

Ich bin auch später noch gut, habt Vertrauen und jetzt Pause.

Ich liiiiiebe meinen Lutzie, wie der Teufel das Weihwasser.

Wie kommst du denn jetzt da drauf?

Bedürfnisse nachgehen und so. Ach, tut das Gut.

Du sprichst in Rätsel, oder sprichst du mit dir selbst?

Verrate ich nicht. Zu was eine Pause alles gut sein kann.

Verrat schon!

Nein, später vielleicht.

Gut, machen wir weiter und steigen in das Kapitel 7 ein. September 83 bin ich an der Ingenieurschule für Chemie in Magdeburg immatrikuliert worden. Ich studierte 3 Jahre organische und anorganische Chemie. Das erste Semester viel mir sehr leicht, es war die Wiederholung des Stoffes der 10.Klasse.

Die Zeit wiederholt sich, wieder mal nicht lernen und somit alles Klasse.

Aber er hat eine Lernpatenschaft mit einem kamputscheanischen Mitstudenten übernommen.

Ja, aber nur weil es bezahlt wurde.

Jetzt werde nicht unfair.

Und was war mit den vielen Studentinnen, das Verhältnis war wohl doch sehr einseitig. Für euch paar Jungs solch eine große Auswahl.

Hast du nicht auch Handball beim Studium gespielt und wurdest dadurch vom Sportunterricht befreit.

Alles richtig und nicht zu vergessen, meine erste Ehefrau habe ich auch in Magdeburg beim Studium und Handball kennengelernt. Aber alles der Reihe nach.

Das erste Semester war trügerisch einfach. Ich war so gut, dass ich von einigen Prüfungen befreit wurde, da ich glatt eins stand. Ich erhielt Leistungsprämie und konnte mir finanziell einiges leisten. Aber leider habe ich viel in Alkohol und Partys gesteckt.

<u>Da war es wieder, das Lodderleben, keine Selbstkontrolle.</u>

So ist das Studentenleben. Studium nebenbei mitnehmen, ansonsten Party, Alkohol, Frauen und Sex.

Ja, so war es. Gut hat mir es nicht getan. Ich hatte fast mein Studium riskiert und nur wegen der Sauferei.

<u>Das du auch nicht schlau geworden bist und dich zusammenreißen konntest.</u>

Doch. Denn ich lernte meine 1. Frau kennen, Gesine Klinker. Sie tat mir gut. Wir machten viel gemeinsam, obwohl sie ein Studienjahr höher war. Wir lernten zusammen, spielten beide Handball, gingen gemeinsam zu Partys und gemeinsam ins Bett, in ein Bett.

Gibst wohl die Antwort schon im Voraus, um dich aus der Affäre zu ziehen?

Nein, Gesine hat mir wirklich gut getan. Sie gab meinem Leben einen Sinn. Das Lernen stand im Vordergrund und ich merkte ganz deutlich, wie gut mir diese Beziehung tat.

Feste Beziehung, päh. Es war doch nur der regelmäßige Sex.

<u>Reduziere nicht alles nur auf Sex und Alkohol. Diese Frau tat Lutz wirklich gut. Ich betone Lutz. Er wurde langsam erwachsen und übernahm Verantwortung. Er lernte Familienleben von der guten Seite kennen.</u>

Wir waren gemeinsam in Piesteritz und haben unsere Ingenieursarbeit dort geschrieben, natürlich zeitversetzt. Wir haben 1985 geheiratet und 1986 ist unsere gemeinsame Tochter Doreen zur Welt gekommen.

<u>Das Familienleben hat dir gut getan</u>

Wir haben über die Beziehungen meiner Mutter eine Wohnung in Dessau bekommen.

Hat sie also wieder ihre Hände im Spiel und konnte sich einmischen.

Ja, das erkannte ich aber zu spät. Meine Frau entfernte sich immer mehr von mir. Ich ertrank meinen Kummer im Alkohol und ließ alles geschehen. Es kam wie es kommen musste. Wir ließen uns 1988, am 31.03. scheiden. Ja es war unser 3. Hochzeitstag.

Kapitel 8 – Der Absturz

Warum werden die Kapitel eigentlich immer so kurz gehalten, bist du bei James Patterson in die Lehre gegangen?

Wer ist den James Patterson?

Er ist Schriftsteller, schreibt Kriminalromane und wählt immer kurze Kapitel. Seine Hauptfigur ist Alex Cross. Einige seiner Bücher sind auch schon verfilmt worden.

Dann hast du Studium und 1. Ehe in ein Kapitel gepackt!

Was ist los Teufelchen, ist dir die Pause nicht bekommen? Du bist so gieblig und suchst in den Krümeln.

Ich suche nicht in den Krümeln, sondern ich stelle fest.

Machen wir weiter. Der Absturz. Als ich 1988 meine Scheidung hinter mir hatte und Gesine mit Doreen ausgezogen sind, Richtung Heimat Neubukow, ist in mir meine Welt zusammengebrochen. Sie fehlten mir sehr. Ich merkte viel zu spät, was ich verloren hatte.

Und mit deiner Sauferei angerichtet hast. Entschuldige dass ich dir ins Wort falle.

Mutters Einmischen hat ja dann noch sein übriges dazu beigetragen. Immer schön den einfachen Weg nehmen und wenn es dann nicht so lief, hatten wir ja noch die Flasche. Ach, was sage ich, den Kasten Bier im Keller. Man hat ja in der Brauerei gearbeitet.

Brauerei Dessau, jeden Tag verkosten, jeden Tag eine Alkoholfahne. Das kann doch nicht gut gehen. Um eine Ehe muss man jeden Tag kämpfen.

Unterhaltet euch nur weiter, denn besser kann ich es auch nicht wiedergeben. Gesine wollte so nicht leben und das hat sie mir oft genug gesagt. Ich habe es nur nicht umgesetzt und dagegen angekämpft. Saufen war einfacher.

Die gutgemeinten Ratschläge sind an dir abgeperlt, wie an einem Auto, das aus der Waschstraße kommt. Die logische Konsequenz musste die Scheidung sein.

So wie du drauf warst, kann man sich sein Leben nur versauen.

Hätte man aber nicht.

Hätte, hätte, Fahrradkette. Ist wie mit dem Duschvorhang. Er kann faulen, muss aber nicht. Ich denke, bei aller Ernsthaftigkeit, kann man ruhig auch eine kleine Schmunzeleinheit einbauen.

Kleiner Witzbold.

Auf jeden Fall ging es von da an stetig bergab. Es sollte sich bis Ende 1989 hinziehen. Die Wende kam, wir wurden eine BRD. Es war der Zusammensturz meines Weltbildes. Ich war eine rote Socke wie es im Buch steht. Ich habe alles geglaubt was die Bonzen da in Berlin gesagt haben. Dann aber musste ich mit ansehen, wie sie uns belogen und betrogen haben.

Dann dein Endstadium der Alkoholsucht!!!

Der Gipfel war dann seine Spielsucht und der Umgang mit den falschen Freunden.

Ich habe am einarmigen Banditen viel Geld verspielt. Habe die falschen Freunde mit zu mir nach Hause genommen. Sie haben aus Dankbarkeit noch meine Schecks geklaut und in Höhe von 2-mal 500 DM eingelöst. Und, und, und ……

Lass uns zu dem 27. Dezember 1989 kommen. Wir werden den Tag noch mal rekonstruieren und jeder übernimmt seinen Part.

Dann los.

Ich war Weihnachten bei meinen Eltern und kam am 27.12.1989, gegen 14:00 Uhr, in meine Wohnung. Was soll ich jetzt tun, heizen oder Fernseh gucken?

„Nee, geh gleich ins Teehäuschen rüber und gönn dir erst mal ein Bier."

„Guter Vorschlag, werde ich tun."

„Hör auf mit dem Mist, das endet nicht gut!!!"

„Ach eins zwei Bier, können nicht schaden."

„Lass ihn doch, wenn er sagt eins, zwei Bier."

„Ja, dann kommt der Schnaps und die Spielerei dazu."

„Wird schon nicht so schlimm werden."

„Oh Gott, warum hört nur keiner auf mich."

Engelchen, ich habe dich gehört, aber der Durst ist stärker. Im Teehäuschen angekommen, das erste Bier bestellt. Der einarmige Bandit war auch gerade frei und so spielte ich erst mal eine Weile und aus dem einen Bier wurden 10.

„Hör auf, du hast deine 2 Bier schon längst überschritten und deine Spielerei findet auch wieder kein Ende"

„ Ich hör gleich auf, nur dieses Spiel noch, ich habe gerade einen Lauf."

„Lass ihn, er kann dieses Erfolgserlebnis gut gebrauchen. "

Ich hielt ausnahmsweise mal Wort, hatte auch ein paar DM gewonnen und ging dann zum Skat über. Die ach so guten Freunde waren auch da und wollten Skat spielen. Bier hatte ich genug intus, so war ein hemmungsloser Skat vorprogrammiert. Kontra, Re, Bock, Hirsch und Pfennigskat. Super, kann ich euch sagen.

„ Hör auf, lass dich nicht darauf ein, du bist nicht mehr Herr deiner Sinne"

„Jetzt übertreibst du aber, Engelchen!"

„Teufelchen, spiel die Situation nicht runter, wir kennen unseren Lutz besser, als er sich selbst."

„Jetzt macht aber beide mal ne Pause. Ich bin noch voll bei Verstand und kann Skat spielen. Zu Hause wartet keiner auf mich und hier bin ich wenigstens unter Leuten."

„Ja, aber unter falschen Leuten!!!"

Und so kam es wie es kommen musste. Der Abend endete im Chaos.

Nun schildere den Rest, ich mag nicht mehr.

Gibst du auf? Was sollen die Leute denken?

Ist mir egal, ich weiß was gesehen ist und die Leute können es aus seinem Munde hören. Ich halte mich jetzt raus.

Ja, ja er hat sich mit Tabletten vollgestopft und wollte sterben. Aber die Menge war viel zu klein. Es hat ja nicht mal zum Magenauspumpen gereicht. Nur übel und müde wurde er.

Lutz war am Ende, ohne wenn und aber und ohne einen Duschvorhang der faulen kann. Lass ihn den Rest erzählen.

Der Rest, geschildert in Kurzform. Ich verlor beim Skat 3240 DM in einem Spiel, konnte nicht bezahlen. Musste meinen Personalausweis als Pfand da lassen. Ging in meine Wohnung, pfefferte alle verfügbaren Tabletten ein und wollte nur noch sterben. Meine Schwester Kathrin kam sofort vorbei, sah mich da rumliegen, rief den Krankenwagen und so kam ich ins Robert Koch Krankenhaus nach Alten auf die neurologische Station. Dort musste ich ausnüchtern und wurde auf Entzug gesetzt, trockenen Entzug. Ich sage euch, das war hart. Danach wollte ich mein Leben grundsätzlich ändern. Der Arzt sprach von einem Alkoholproblem und ich von alkoholkrank. Meine Mutter wollte dies nicht wahr haben und sprach auch nur von einem Problem. Ich wollte eine Entziehungskur, um diese Sucht zu besiegen. Der Zeitpunkt war mehr als überfällig. So ließ ich mich halbwegs wieder herrichten und im März 1990 bekam ich dann einen Platz in der Psychiatrie in Bernburg zu einer 4-monatigen Entziehungskur.

Traurig, aber war. Wo sind wir nur gelandet?

Alkoholentziehungskur, was für ein Name. Wenn man überlegt, dass die Erfolgschancen bei weniger als 1% liegen.

So ist das Leben ohne Alkohol, es ist kein Pappenstiel.

Die Chancen es zu schaffen, standen trotzdem nicht schlecht. Ich hatte meine Arbeit noch, also geregeltes Einkommen. Meine Schulden waren bezahlt. Ich hatte alle Möglichkeiten für einen Neustart.

Alles der Reihe nach.

Du hattest einen sehr, sehr steinigen Weg vor dir.

Lassen wir im Kapitel 9 alles raus.

Hast du dort nicht die erste Geschichte geschrieben, zu deinem heutigen Tagebuch?

Ja habe ich. Aber alles in Kapitel 9 .

Kapitel 9 – Die Therapie

Ich musste vom ersten Tag an ein Tagebuch schreiben, um kurz die Eindrücke des Tages festzuhalten. Es gelang mal besser und mal schlechter. Unsere Gruppe bestand aus 11 Personen, 4 Frauen und 7 Männer. Wir waren ein bunt zusammengewürfelter Haufen. Wir hatten alle die gleiche Ausgangslage vor Ort. 2 Männer und eine Frau haben die Therapie nicht bis zum Ende durchgehalten. Der eine Mann hat getrunken und wurde entlassen und der zweite Mann und die Frau haben sich verliebt und mussten die Therapie auch beenden. Die Therapie war sehr hart und was es bedeutet, ein Leben ohne Alkohol zu führen, sollte dann jeder für sich später erfahren. Nach der Therapie haben sich einige noch regelmäßig getroffen. Wir sind nach Bremen zu einem Skorpions-Konzert gefahren. Später, wie es dann oft im Leben so geht, haben wir uns dann aus den Augen verloren.

Stell dein Licht nicht so unter dem Scheffel und lass alle an deinem 1. Theaterstück teilhaben.

Theaterstück ist ein bisschen hoch gegriffen. Wir hatten eine Aufgabe als Gruppe. Wir mussten bis zum Ende der Therapie entweder etwas basteln oder etwas aufführen.

Und du hast das Stück geschrieben. Das erste Teilstück zu diesem Gesamtwerk hier.

Dieses Teilstück sagt alles, über diese Therapie hier, aus.

Kapitel 10 – Die Zeit danach

Das Stück hatte den Titel „Die Zeit danach".

Zusätzlich tauchen noch Personen auf.

Schwarz: Ehefrau **Fett**

Schwarz: Sohn : *Kursiv*

Schwarz: Tochter - normal

„Wieder draußen, in der Freiheit! Was soll ich tun? Zurück? Hm? Aber es ist nicht mehr dasselbe. Das ist irgendwie neu und ich habe Angst. Ne halbe Stunde noch, dann bin ich zu Hause. Die Frau ist noch auf der Arbeit. Was mach ich nachher zuerst?"

„Du hast noch Zeit, komm zu mir."

„Wieso, wer bist du?"

„Ein alter Freund aus alten Tagen. Ich hab dir so oft geholfen, wenn du nicht mehr weiter wusstest. Jetzt nach 13 Wochen treffe ich dich wieder und du weißt nicht wer ich bin? Ich hab aus dich gewartet. Ich war immer da und hatte was für dich."

„Ach so, du Teufelchen."

Junge, ich halte dich. Ich weiß alles von dir und du kannst wieder mit mir reden. Den da brauchst du nicht mehr. Oder willst du mich lieber wegschicken?"

„Nein, ich hab dich lang genug totgeschwiegen, bin doch froh, dass du wieder da bist. Du hältst mich wach."

„Ja gegen den auf jeden Fall. Er hat doch nur Flaschen und Gläser zu bieten."

„Halt, den Lutz will ich wieder ganz für mich haben! Er gehört mir!"

„Nein er gehört sich selbst und du kannst ihn nicht betören, wenn er nicht will!"

„Woher willst du das wissen?"

„Ich bin sein Gewissen."

„Hau ab, ich hasse dich!"

„Gut, aber du wirst mich nicht los. Ich bin immer in deiner Nähe. Pass auf, bald hab ich dich wieder in meinen Fängen."

„Nee!"

„Komm!"

„Au, du tust mir weh!"

„Ja, manchmal muss ich das schon. Es geht aber nicht anders. Ich mag dich doch."

„Schon gut, ich will ja das du mir hilfst."

„Okay, dann muss ich dich immer wieder daran erinnern, du musst dir die Frage gefallen lassen, ist das richtig, was du machst? Du musst ehrlich sein!"

„Ja, ich will es ganz toll versuchen. Wird nicht immer klappen."

„Gut, dafür bist du ein Mensch. Aber sticheln werde ich immer. Du, wir sind gleich zu Hause. Los jetzt, rein mit dir!"

„Mensch bist du gemein. Ich habe Angst!"

„Angst?"

„Klar, wie werden sie reagieren und wie werden sie mich aufnehmen? Ihren alten, neuen Vater?"

„Los!"

„Papa, Papa endlich bist du wieder da."

„Wird ja Zeit!"

„Bleibst du jetzt für immer wieder hier?

„Siehst du die Kinder freuen sich."

„Päh, alles nur Getue, wirst schon sehen!"

„Natürlich bleibe ich jetzt bei euch."

„Na Schatz."

„Wieso bist du schon …?"

„Hab mir frei genommen."

„Und du hattest Angst."

„Kommt noch!"

„Junge, du hast ja einen Riss in der Hose!"

„War Beate!"

„Ist nicht war, du bist gegen die Bar geflogen, weil du schon wieder einen in der Krone hattest."

„Mensch ich könnte dich!"

„Ich habs doch gesagt, hä, hä, hä, es musste ja so kommen."

„Als ob ich nie weggewesen wäre. Die streiten sich ja immer noch."

„Hättest du was getrunken!"

„Nee, ich will nicht!"

„Wie bitte!"

„ Entschuldige bitte, ich bin etwas durcheinander."

„Kein Wunder, bei dem Empfang. Vielleicht kannst du mal mit dem Großen reden. Ich komme einfach nicht ran an ihm. Er schottet sich ab. Ihr hattet doch immer so ein gutes Verhältnis miteinander."

„Ich weiß nicht so recht."

„Siehst du, du hast gefehlt."

„Verdammt noch mal, das weiß ich selbst. Ich bin zu Hause!"

„Hoffentlich!"

„Hoffentlich!"

„Ich muss mit ihm reden."

„Du musst ihn fragen!"

„Das wird eine Pleite!"

„Bis jetzt habe ich noch keine gesehen!"

„Du musst ihn fragen!"

„Was ist los Junge?"

„Nichts, lass mich!"

„Du hast doch was? Trinkst du etwa?"

„Na und, ich hab doch das beste Vorbild in der Familie! Entschuldige, habe ich nicht so gemeint."

„Aber du hast es gesagt."

„Hilf ihm doch. Er traut sich nicht!"

„Nee, lass ihn strampeln. Alkohol ist gut, Alkohol hilft!"

„Hör mal Matthias, du hast doch bei mir gesehen, wo das hinführen kann!"

„Ja, aber ich konnte doch seit Wochen nicht mehr mit dir reden. Du hast mir doch gar nicht mehr zuhören können. Du hast uns doch gar nicht mehr gesehen. Was sollten wir da reden?"

„Mein Gott, jetzt bin ich doch wieder da."

„Papa, das geht nicht so einfach."

„Aber ich brauche doch auch eure Hilfe!"

„Papa, das hast du aber noch nie zu mir gesagt!"

„Und jetzt, du musst ihm antworten! Sag`s!"

„Wozu denn, die rettet doch sowieso nichts mehr, es läuft für mich."

„Matthias, wenn ich es auch jetzt erst richtig begreife, Junge das ist ein neues Leben für mich."

„Ach Papa."

„Also? Was war?"

„Na gut. Es ist wegen Martina. Sie ist einfach abgehauen. Ich weiß nicht warum!"

„Hast du sie gefragt?"

„Nöö, wozu denn?"

„Vielleicht, damit du weißt was los ist."

„Du willst es wohl wissen?"

„Naja, wenn ich du wäre, wollte ich es schon wissen."

„Papa, lass uns ein Abkommen treffen, wie in alten Zeiten:"

„Oh, jaa."

„Papa, wir schwören, nicht mehr zu trinken und ich frage Martina und sage es dir dann!"

„Okay, so machen wir es"

Beate kommt rein."Ihr tuschelt so, habt ihr ein Geheimnis?

„Ja" „Ja"

Frau kommt ins Zimmer. „Denk dran, du hast morgen einen Termin in der Personalabteilung."

„Oh jäh, was mich wohl da erwarten wird?"

„Wenn ich jetzt nicht gewonnen habe, dann eben morgen."

„Ich bin stolz auf dich."

Kapitel 11 – Die Zeit danach

Das Kapitel hatten wir doch gerade. Was soll das denn? Und abgekürzt hast du auch ganz schön.

Ich habe mir die künstlerische Freiheit heraus genommen, um das Stück für dieses Buch zu kürzen.

Und warum?

Weil alles gesagt wurde was zu sagen war. Der Rest ist eine Geschichte und tut hier nichts zur Sache.

Bist du sicher?

Bin ich. Ich habe in dieser Episode auch 2 Kinder und eine Ehefrau. Die Wahrheit war, dass ich zu der Zeit überhaupt niemanden hatte. Meine Wohnung war kalt und leer wie ich nach Hause gekommen bin. Die Herausforderung war riesengroß und die Versuchung auch.

Mein letzter Satz war, ich bin stolz auf dich, das war ich auch im realen Leben. Du bist zur Disco gegangen, hast nichts getrunken, hast dir einen neuen Job gesucht, nichts getrunken. Den Job wieder verloren, nichts getrunken. Bravo!!!

Ich lernte meine 2. Frau kennen und ihre Tochter. Es war eine sehr gute und aufregende Zeit für mich. Ich war arbeitslos und konnte mich deshalb gut um Mandy kümmern. Wir haben Hausaufgaben zusammen gemacht und, und … Das war einfach schön und hat mich stolz gemacht, sie hat seitdem bessere Noten mit nach Hause gebracht.

Und was war mit der Frau, Mutti war doch dagegen. Sie kannte sie doch von der Arbeit?

Bei dieser Frau waren wir uns alle einig, diese Frau ist nicht gut für dich. Ich hatte Angst, dass du wieder rückfällig wirst.

Du warst in Punkto Alkohol sehr standhaft, das muss ich neidlos anerkennen, ansonsten warst du mit Blindheit geschlagen.

Blindheit hin, Blindheit her. Mir hat die Frau bis zu einem gewissen Punkt gut getan. Mandy bekam irgendwann meine ganze Aufmerksamkeit. Es stimmt, Liebe habe ich nie für diese Frau empfunden, nur Zuneigung. Ich wollte nicht allein sein.

Warum hast du sie dann geheiratet?

Das ist eine komische Geschichte.

Erzähl und lass nicht wieder die Hälfte weg. Künstlerische Freiheit und so!

Ich war ja arbeitslos. Habe mich beworben und wurde abgelehnt. Dann stand irgendwann eine Annonce in der Dessauer Zeitung, dass der hessische Vollzug Justizbeamte sucht. War gerade noch in der Altersspanne und so bewarb ich mich. Musste zum Vorstellungsgespräch und Eignungstest, habe beides bestanden. So fing ich Pfingstdienstag 1992 an.

Woher weißt du noch so genau, dass es Pfingstdienstag war?

Weil die Frankfurter Pfingstdienstag ihren Wäldchestag haben und alle Geschäfte ab Mittag zu sind. Ich hatte bis Mittag Einweisung, habe mein Quartier bezogen. Im offenen Vollzug hat man einen Block für uns Ossis freigemacht und hergerichtet. Als ich mir dann am Mittag was kaufen wollte hatte alles zu. So konnte ich abends vorn an der Ecke nur noch ins Kneipchen gehen und meine erste Haxe im Westen essen.

Wo war deine Frau und wo war Mandy?

Zu diesem Zeitpunkt waren wir noch nicht verheiratet. Sie sind in Dessau geblieben. Ich wollte uns erst mal eine Wohnung besorgen und Arbeit für Birgit und dann würde sie nachkommen.

Wann habt ihr dann geheiratet und warum? Ihr hättet doch auch nur so zusammenleben können.

Das hatte mehrere Faktoren. Als ich zum Personalgespräch gebeten wurde, sollte ich meine derzeitige Situation schildern und ob ich gewillt war, ganz nach Hessen zu ziehen.

Spätestens hier hättest du die Zelte nach Dessau abbrechen sollen!

Bist du jetzt zum Teufelchen geworden?

Nein, aber deine Blindheit tut ja schon weh.

Also sagte ich dem Herrn mir gegenüber, dass ich in einer Partnerschaft lebe und 1 Kind dazu gehört. Ich bekam zur Antwort, dass im Beamtenwesen noch sehr

konservativ gedacht wird. Es wäre besser wenn wir verheiratet wären und dann würden wir auch schneller eine Wohnung bekommen. Auch ein Arbeitsplatz für die Frau wäre dann eher drin. Also bin ich ins verlängerte Wochenende gefahren, habe mit Birgit alles besprochen. Wir haben dann im Juni 1992 geheiratet, im Januar 93 einen Arbeitsplatz für Birgit bekommen und im Dezember 92 eine Wohnung. Mandy blieb bis Anfang Februar noch bei meinen Eltern in Dessau und begann mit der zweiten Hälfte des Schuljahres 92/93 in Weiterstadt.

Mensch das ging ja alles ratz fatz.

Ich hatte mich an die Abmachung gehalten und die hessische Justiz auch. Dann kann das schon mal so schnell gehen.

Und wann ging dann die Misere los?

So richtig, als Madame mit ihrer Beamtenlaufbahn begann. Sie war auch in Wiesbaden, am H. B. Wagnitz Seminar. Dort waren sie eine coole Truppe, die nichts anbrennen ließ. Die Jungs vom allgemeinen Vollzugsdienst waren da willkommene Beute. Sie ließen sich auf Partys galant aushalten und waren dann auch willig für die Nacht. Die Schule wurde nebenbei mitgenommen. Es ging also abends hoch her und nachts tief rein. Kann mich leider nicht vornehmer ausdrücken.

Geht schon in Ordnung, weiß ja jeder was gemeint ist.

Und wer nicht, darf sich seinen Teil denken. Wie war es denn bei dir, bist du denn jedes Mal nach Hause gefahren? Du hattest doch auch ein Zimmer?

Ich hatte im Einführungslehrgang ein Zimmer, denn die Wohnung hatten wir noch nicht. Beim Endlehrgang hatte ich eine Fahrgemeinschaft und bin jeden Tag gefahren oder mitgefahren, 40 km hin und zurück waren machbar.

War dann ja auch eine Entlastung fürs Portemonnaies.

Das war mir nicht so wichtig, ich wollte bei der Familie sein.

Löblich, löblich. Seit wann warst du denn so auf Familie?

Schon in der ersten Ehe hatte ich meinen Hang zum Familienleben entdeckt. Es fühlte sich einfach gut für mich an. Meine Hörner hatte ich mir vorher abgestoßen.

Kapitel 12 – Der Rückfall

Mein Ansinnen war es, die Fehler aus der ersten Ehe nicht nochmal zumachen. Ich habe es versucht. Aber Teufel Alkohol machte mir einen Strich durch die Rechnung.

Mach mich nicht zum Teufel Alkohol!

Mache ich doch nicht, du bist und bleibst mein Teufelchen.

Dieses Bemühen war deutlich zu erkennen, aber ....

Die Ehe scheiterte am permanenten Fremdgehen meiner Frau und ich ließ mich hängen und musste teuer mit dem ersten und einzigen Rückfall bezahlen.

Das habe ich nicht gewollt, denn es war grauenhaft und schrecklich zu gleich.

6 Flaschen Bier und 3 Flaschen Schnaps! Wo hast du die bloß hin gekippt?

Na in mich rein, solange bis nichts mehr ging. Dann habe ich Mandy gesagt, sie soll die Ärztin anrufen. Die hat dann die Polizei gerufen. Die haben mich in Handschellen abgeführt und nach Goddelau, in die geschlossene Psychiatrische Anstalt gebracht. Ich kann euch sagen, es war nicht einfach, aber die beste Lösung. Ich war 8 Wochen eingesperrt und sie nannten es zum eigenen Schutz.

Hatten ja auch Recht, du warst suizidgefährdet.

Klar hatten sie Recht, aber das schlimmste stand mir ja noch bevor, mein Delirium, in das ich gefallen bin.

Willst du darüber reden?

Ich weiß auch nicht, ob die Menschen da draußen das nachvollziehen, geschweige nachvollziehen wollen. Denn verstehen kann das nur einer, der es selbst erlebt hat.

Wir hatten uns vorgenommen nichts zu beschönigen und bei der Wahrheit zu bleiben. Es wird hart, ohne Frage.

Dann liebe Leser, anschnallen und los geht die Geisterfahrt. Es geht durch unbekanntes Land. Es wird gruselig. Es war genau so, keine künstlerische Freiheit, nichts weglassen und brutal ehrlich.

Es war Ostern 1995.

Karfreitag habe ich viel ferngesehen, da ich keinen Besuch bekam. Meine Frau vergnügte sich mit ihrem Lover. Denn nur der der Besuch bekam, konnte das Gefängnis mit seinem Besuch für ein paar Stunden verlassen. So schaute ich mir die Monumentalfilme, wie „Ben Hur", „Die 10 Gebote" und „Die größte Geschichte aller Zeiten" an. Diese Filme haben mich schon immer fasziniert. Charlton Heston und Max von Sydow in ihren Paraderollen. So gingen der Freitag und der Samstag rum. Ich wusste nicht viel mit mir anzufangen. 18:00 Uhr bekamen wir unsere Portion „Distra" zur Entziehung. Wir standen alle in einer Reihe an. Am Samstag war es dann so, als ich dran war, teilte mir die Schwester mit, dass ich nichts mehr bekomme. Ich traute meinen Ohren nicht. Wie ein begossener Pudel trabte ich ab und legte mich ins Bett. Ich muss kurz eingeschlafen sein, denn als ich aufwachte, bekam ich Entzugserscheinungen. Mir fehlte mein Distra. Ich schrie nach der Schwester und schilderte ihr mein Problem. Sie teilte mir sehr freundlich mit, dass ich nichts mehr bekomme. Sie sagte mir, dass sie mir eine Beruhigungstablette geben könne. Ich lehnte vehement ab und fing an zu schreien und brüllte lauthals rum „Ihr wollt mich doch nur umbringen, gebt mir mein Distra!" Ich fing auch an wild um mich zu schlagen. Sie mussten mich mit 4 Personen festhalten und ans Bett fesseln. Der Arzt vom Dienst kam vorbei und versuchte mich zu beruhigen, er gab mir eine mittlere Dosis Haldol. Nichts half, ich schrie weiter „Ich will noch nicht sterben, lasst mich am Leben". Aus dem Schreien wurde flehen. Der Arzt kam wieder vorbei und ich sagte ihm, dass ich noch nicht bereit bin zu sterben, um morgen als neuer Mensch aufzuwachen. Ich habe Angst diesen Menschen nicht zu erkennen, denn das bin ich ja dann nicht mehr selbst. Er ordnete eine weitere Dosis Haldol an. Ich versprach ihm mein Leben zu ändern und er möge mich retten. Ich wollte nicht wie Jesus Christus am Kreuz sterben und am 3. Tag als neuer Mensch aufwachen. Der Doktor versprach mir zu helfen und wollte nochmal vorbei kommen, um die Fesselung aufheben zu können. Ich hielt mich krampfhaft wach und redete mir ein, dass ich nicht einschlafen dürfe um nicht zu sterben. Ich kam so langsam zur Ruhe. Der Doktor kam und löste meine Fesselung. Als er dann ging bin ich doch total übermüdet eingeschlafen. Als ich am Morgen aufwachte und feststellte, dass ich immer noch ich war, sprang ich aus dem Bett, ging mich waschen und Zähne putzen, zog mir frische Sachen an und ging zum Schwesternzimmer. Die Nachtschwester war nicht mehr da, ich wollte mich entschuldigen. Es war schon der Frühdienst vor Ort.

Der Pfleger fragte mich nach der vergangenen Nacht, ich erzählte ihm das was ich noch wusste und er vervollständigte die Geschichte. Ich sagte ihm auch, dass ich so etwas nicht noch einmal erleben möchte und dass ich mein Leben ändern werde. Er sagte nur, „Lutz dafür wünsche ich dir alles Gute und viel Kraft.". Von diesem Tage an ging es bergauf und die letzten beiden Wochen habe ich ganz gut rumgekriegt. Ich habe auch von meiner Frau und Mandy Besuch bekommen und mein bester Freund Kurt hat mich zweimal besucht. So konnte ich mal raus in Freie.

Das war die Geschichte liebe Leser, bitte nicht nachmachen. Es ist nicht nachahmungswert, sondern nur traurig.

So etwas wünscht man nicht mal seinen größten Feinden.

Wie lang hielt eigentlich eure Ehe danach noch?

Ich hatte nach der Entlassung noch keine Kraft diese Ehe zu beenden um alleine zu leben. Mandy und ich hatten uns mit der Zeit auch auseinandergelebt. Sie konnte diesen Tag des Rückfalls nie verkraften. Es muss ein Bild des Grauens für sie gewesen sein.

Wie lange ging es denn noch so?

Meine Frau hatte sich zwar von ihrem Lover getrennt, ist aber weiter regelmäßig fremdgegangen. Der Höhepunkt war dann unser letzter Urlaub in der Türkei, wo sie sich einen Poolboy geangelt und die Nächte durchgefeiert hat. Nach diesem Urlaub war dann endgültig Schluss. Mein guter Freund und Arbeitskollege Frank und ich suchten für mich eine Wohnung. Im November 1999 war es dann endlich so weit, ich zog aus. Der Umzug war wie eine Befreiung, nur dass ich mein Sparbuch nicht fand. Ich suchte alle Kartons durch, nichts. Ich dachte nur, nicht schon wieder, das ganze Geld gestohlen und diesmal von der eigenen Frau. Nein das durfte nicht sein. Frank baute den Schrank noch auf und ich suchte weiter. Ich fand es versteckt in Unterlagen. Als ich feststellte, das nichts fehlte, fing ich an zu schreien und gleichzeitig an zu weinen. Mir fielen Zentner schwere Lasten vom Herzen. Der Neuanfang konnte also beginnen.

Mensch ist das ein langes Kapitel.

War nötig, um alles nochmal aufzuarbeiten.

Auch wenn ich meine Felle wegschwimmen sah, war ich froh, denn so grausam kann nicht mal ich sein.

So grausam kann nur das Leben sein.

Das Leben ging weiter und es blieben nur Narben zurück.

Kapitel 13 – Die Zeit danach

Mensch Lutz, lass dir mal was Neues einfallen, den Titel hatten wir schon 2mal.

Das ist doch aber nie das gleiche, die Zeit danach.

Hört sich aber genauso an. Warum nennen wir dieses Kapitel nicht „Lutzie und die Frauen"?

Hört sich aber nach so viel an und doch so speziell.

Ich bin ja nicht unbelehrbar.

Kapitel 13 – Lutz und die Frauen

Wie viele waren es denn?

Tu nicht so, du weißt es genau, ist doch deine Spezialstrecke.

Okay, dann waren es 3.

Ich komme auf 2 und dann lernte ich meine Ehefrau Kirsten kennen.

Also doch 3.

Nein 2, denn Kirsten ist nicht im Kapitel 13 zu finden, sondern später ab Kapitel 14.

Künstlerische Freiheit und so? Ich verstehe.

Streitet euch nicht, lasst uns fortfahren.

Durch die Krankenschwester Birgit habe ich die Wohnung in Spachbrücken bekommen.

Liebe Leser, das ist nicht geflunkert. Die Frau hieß auch Birgit, wie Ehefrau Nr.2.

Der Name hat es mir angetan, aber dazu später nochmal mehr. Es war bei einer Krankenhausüberwachung im E-Stift. Wir kamen so ins Gespräch über Wohnung und dass ich momentan eine suche. Sie kannte da eine ältere Frau, die vermietet. Sie hat den Kontakt hergestellt und ich bekam die Wohnung. An Birgit hatte ich einen Narren gefressen. Sie war eine sehr attraktive Frau und wusste sich in Szene zu setzen. Sie hätte an jeden Finger einen haben können, hatte immer nur einen und war ihm auch treu. Die Beziehungen waren aber nie von langer Dauer, wenn man unter lang ab 5 Jahre spricht. Ich war ihr guter Freund geworden, mehr nicht. Ich wollte immer mehr, aber es sollte nicht sein. Im Nachhinein war es gut so. So

haben wir uns unsere Freundschaft bewahrt und nicht durch eine intime Beziehung vielleicht kaputt gemacht.

Ich muss schon sagen, diese Frau war ein Hingucker und wenn sie sich zu Recht gemacht hatte, mein lieber Teufel, kann ich da nur sagen.

Wie sagt man immer so schön, aus einem schönen Topf allein kann man nicht essen. Lutz und Birgit waren grundverschieden, daraus konnte nichts werden.

Ist ja gut, ich habe verstanden. So haben wir uns unsere Freundschaft bewahrt und waren immer für einander da, wenn es uns schlecht ging. Es war eine sehr, sehr schöne Freundschaft zwischen Mann und Frau.

Du sagst immer war?

Ja, nach dem wir beide unseren festen Partner gefunden haben, ich Kirsten und Birgit den Ulli, haben wir uns mehr oder weniger aus den Augen verloren. Ich weiß nur, dass die Partnerschaft bei Birgit heute nicht mehr besteht. Mit wem sie zusammen ist und was sie jetzt überhaupt macht, weiß ich gar nicht. Ich weiß nur, dass ich ihr immer alles Gute dieser Welt wünsche.

Dann war da ja noch die Ela, ein hübsches Ding, aber sie hatte ein total verkorkstes Kind.

Was heißt verkorkstem Kind. Wenn man sich mehr um ihn gekümmert hätte und ihn nicht schon in so jungen Jahren sich selbst überlassen hätte, hätte auch aus ihm was werden können. Er war ein guter Fussballtorwart zu dieser Zeit. Er hatte durch die falschen Freunde keine Chance. Es musste so enden, wie es geendet hat. Er ist ins Jugendheim für schwererziehbare Kinder gekommen. Seine Mutter Ela war Kellnerin und sie arbeitete jede Nacht, einer musste ja Geld verdienen. Sie wollte sich nicht auf Vater Staat verlassen, was ich ja sehr löblich fand.

Wie habt ihr euch überhaupt kennengelernt, wenn sie abends immer gearbeitet hat?

Ich bin abends sehr gerne ins Tanzcafé Papillon gegangen. Eines Abends sah ich sie in der Tür stehen. Ich ging zu ihr hin und bat sie zum Tanz. Ich habe gerne Discofox getanzt und sie auch. Wir kamen so ins Gespräch und eine gewisse Sympathie ging von uns beiden für den anderen aus. Sie musste in der Zeit nicht arbeiten.

Ich auch wegen Erschöpfungsbeschwerden krankgeschrieben und so konnten wir uns regelmäßig treffen. Es waren wunderschöne 4 Wochen. Ich habe mich mit dem Jungen gut verstanden. Die Probleme kamen später. Ela musste wieder arbeiten und ich auch. So sahen wir uns seltener. Wenn ich sie sehen wollte musste ich schon in die Gaststätte gehen, das war auf Dauer kein Leben für mich. Sie wollte und konnte ihren Job nicht aufgeben und so ging die Beziehung Schritt für Schritt den Bach runter.

Gaststättengewerbe und alkoholkrank passt nun mal nicht zusammen.

Es gab keine Einigung, wir sprachen öfter über diese Problematik. Ich bin dann wieder nach Spachbrücken in meine Wohnung gezogen und die Trennung war dann die Folge.

Du warst zu ihr gezogen?

Ja, ich wollte testen wie das mit dem Zusammenleben so klappt. Es lief ja ausgezeichnet, bis ….

Gott, sei dank hat er seine Wohnung nicht aufgegeben.

Da, da ist es schon wieder, dieses „Gott sei Dank".

Ich bin ja schon leichtsinnig, aber so nun auch wieder noch nicht. Es war dann wieder sehr einsam in meiner Wohnung. Damit es nicht zu schlimm wurde, bin ich wieder regelmäßig ins Cinderella und Papillon gegangen. Eines Abends standen Frank und ich in der Nähe der Bar so rum und lehnten uns gelangweilt am Pfeiler an, als …

Fortsetzung im Kapitel 14

Kapitel 14 – Mein große Liebe

Machs mal nicht so hochtrabend „Meine große Liebe". Was war denn mit Dagmar Knabe, deiner ersten großen Liebe? Nicht zu vergessen, deine erste Frau Gesine!

Darüber diskutiere ich nicht mit dir, und erklären werde ich es dir auch nicht. Kirsten ist und bleibt meine große Liebe.

Gut, dann werde ich eben dumm sterben. Aber beschäftigen tut es mich schon, warum du jetzt auf einmal so auf „ich dulde keine Widerrede" machst.

Klär ihn auf, er weiß nur über Sex Bescheid.

Liebe kann man nicht erklären, man kann sie nur spüren und ich habe sie gespürt und spüre sie noch immer. Einen Menschen lieben zu können, ist das schönste Geschenk auf Erden.

Ich dachte immer guter Sex ist Liebe, so ineinander verschmelzen und so?

Habe ich es nicht gesagt, er versteht nur was vom Sex.

Sex ist nur ein Teil von Liebe. Teufelchen es ist nicht schlimm, denn bevor ich Kirsten kennengelernt habe, dachte ich genauso wie du.

Nun erzähl, wie hast du sie kennengelernt.

Es war im November 2000. Mein Kumpel Frank und ich sind ins Chinderella gegangen. Es war ein langweiliger Abend und wir standen am Pfeiler in der Nähe der Bar so rum. Frank hatte Stress mit seiner Verflossenen, da gesellte sich eine junge Frau zu uns. Sie hatte lange dunkle Haare und war sehr schlank. Sie begann sich mit mir zu unterhalten, ich war geplättet, sie hat sich einfach so mit mir unterhalten. Das habe ich ja noch nie erlebt. Der Abend ging von der Minute an, viel zu schnell um. Später gesellte sich noch ein guter Freund von ihr zu uns. Da wir am nächsten Tag arbeiten mussten, sind Frank und ich auch zeitig gegangen. Die junge Frau und ihr Kumpel waren tanzen. Ich bin hingegangen und habe mich verabschiedet und mich für den angenehmen Abend bedankt. Sie sagte, vielleicht sieht man sich ja mal wieder, aber ohne die Telefonnummern auszutauschen. Es war schon alles irgendwie komisch. So kam es wie es kommen musste, wir verloren uns aus den Augen. Wenn Frank allein im Chinderella war, fragte ich ihn am nächsten Tag, ob er die junge Frau von damals wieder getroffen hätte. Er musste mir die Frage immer verneinen. Es war Silvester 2000. Wir waren zu einer

Party bei unserem Freund Dirk eingeladen. Die Nacht vom 30. zum 31. Dezember war kurios.

Wie kann eine Nacht kurios sein, wenn man schläft?

Lutz hat geträumt, unterbrich nicht immer!

Danke für die Zurechtweisung! Man wird doch wohl noch fragen dürfen?

Ich habe geträumt, richtig. Ich habe geträumt, dass eine Frau mit langen dunklen Haaren vor mir stand. Ich konnte ihr Gesicht nicht sehen, denn sie zeigte sich nur von hinten. Ich bat sie sich rum zudrehen, was sie aber nicht tat. Ich wollte aber ihr Gesicht sehen und immer wenn ich sie fasst erreicht hatte, machte sie ebenfalls Schritte von mir weg. Ich flehte sie an, sich umzudrehen, damit ich ihr Gesicht sehen könne. Sie tat mir aber nicht den Gefallen. Ich wachte schweißgebadet auf und wusste nur, dass ich diese Frau im kommenden Jahr heiraten werde.

Ist doch erstaunlich, so ein Traum, und umso erstaunlicher, wenn er in Erfüllung geht.

Das ist doch blanker Unsinn und aus deiner Phantasie entsprungen. Es ist blanke Einbildung, so etwas gibt es nicht zwischen Himmel und Hölle.

Nur weil du nicht an so etwas glaubst, bist du der Meinung, dass es so etwas nicht geben kann. So etwas gibt es doch und Lutz erzählt keinen Stuss. Es kommt nur nicht sehr häufig vor.

Ich habe daran geglaubt und es Frank erzählt. All das was ich in dieser Nacht geträumt habe und dass ich 2001 diese Frau kennenlernen und heiraten werde. Er hat nicht gelacht und nicht von Einbildung gesprochen. Er sagte nur, da bin ich aber mal gespannt.

Kapitel 15 – Kirsten

Wann hast du Kirsten wieder getroffen und wie ging diese Geschichte mit deinem Traum denn weiter?

Zwei Fragen und eine Antwort. Hör zu und du wirst es gleich erfahren. Es dauerte bis zum Februar 2001. Ich bin wieder mal im Papillon gewesen und habe den Freund von ihr getroffen. Wir haben uns gleich wieder erkannt und kamen auch ins Gespräch. Natürlich über die Dame vom Cinderella. „Ach du meinst Kirsten, die geht nicht mehr ins Cinderella. Sie ist freitags immer hier." Ach so, deshalb konnte ich sie nicht wiedersehen, denn Freitag war mein Skatabend mit den Freunden Horst und Walter. Wir sind jedes Jahr von unserer Skatkasse in den Skiurlaub im März gefahren. Eine Woche Everski in den Dolomiten. Das sollte sich mit dem Freitag aber schlagartig ändern. Ich spielte bis 24:00 Uhr Skat und dann ab ins Papillon. Am darauffolgenden Freitag traf ich sie dann das erste Mal. Ich kam rein und sah sie an der Bar sitzen. Ich traute mich nicht gleich hin, um sie anzusprechen, denn ich wusste nicht was ich sagen sollte. Ich nahm dann all meinen Mut zusammen und stellte mich zu ihr. Ich sprach sie an, und sie wusste nicht wo sie mich hinstecken sollte. Ich erzählte ihr von dem Abend im Cinderella und dann fiel bei ihr der Groschen. Sie war erstaunt, dass ich über den Abend noch so genau Bescheid wusste, sie konnte sich nur noch daran erinnern, dass sie seit dem Abend nicht mehr im Cinderella war und auch nicht mehr hingehen wird. Wir redeten noch ein bisschen weiter und zum Tanzen sind wir noch nicht gekommen, dazu fehlte mir dann der Mut. Jetzt trafen wir uns häufiger dort und wir tanzten auch zusammen. Die einwöchige Pause im März kam mir ewig vor, wo wir im Skiurlaub waren. Als wir uns dann wieder trafen, fragte sie mich, wo ich denn letzten Freitag gewesen war. Oh, dachte ich, es fiel ihr auf. So erzählte ich ihr von der Woche und sie hörte gespannt zu und sagte zum Schluss, dass Skifahren für sie nichts sei. Den Rest des Abends tanzten wir Discofox und unterhielten uns über dieses und jenes. Sie war eine ausgezeichnete Tänzerin, leicht wie eine Feder. Einige Wochen später kam es zum ersten Treffen. Wir verabredeten uns im Nachrichtentreff auf ein Tasse Kaffee.

Und wann hattet ihr nun den ersten Sex?

Jetzt geht das schon wiederlos.

Das ließ dann auch nicht mehr lange auf sich warten. Sie hatte eine sehr schöne Zweizimmerwohnung und wir verbrachten sehr viel Zeit miteinander. Aber ich wollte zu viel und ihr ging alles zu schnell.

Du sprichst von großer Liebe? Ihr habt euch getrennt? Du bist nicht am Boden zerstört? Wie geht das denn? Habe ich in deiner Entwicklung was verpasst?

Du hast nichts verpasst und ja, ich war traurig, aber nicht am Boden zerstört. Warum weiß ich auch nicht so richtig. Sie hatte mit ihrer Feststellung recht und ich fühlte den Schluss nicht. Es kam mir nur wie eine Pause vor. Ich sollte mit meinem Gefühl ja auch Recht behalten.

Wie ging es weiter, du mit deinen Künstlerpausen.

Es war wieder Freitag und ich ging ins Papillon. Als wir uns trafen, begrüßten wir uns und tauschten kleine Nettigkeiten aus. Wie, siehst gut aus, was macht die Arbeit und wie geht es sonst so? Später sagte ich zu ihr, ob sie Montag zu Hause wäre, denn ich würde gern meine Sachen holen. Sie fragte, wann ich kommen möchte und sie wäre dann zu Hause. Der Montag kam und am Nachmittag klingelte mein Telefon. Ich hatte mir gerade was zu essen gemacht. Kirsten war dran und fragte mich, ob ich etwas mehr Zeit bringen könnte, sie möchte gern nochmal mit mir reden. Ich ließ das Fußballtraining ausfallen und das Essen landete im Abfalleimer. Ich zog mich um und machte mich auf den Weg. Den Termin durfte ich auf keinen Fall verpatzen.

Was war der Grund für den Wandel?

Da müssen wir Kirsten fragen?

Kirsten müssen wir nicht fragen, denn es ist mein Tagebuch. Sie sagte mir nur, dass ihr diese Endgültigkeit durch das Abholen meiner Sachen so unheimlich vorkam und das wollte sie nicht. Deshalb wollte sie reden, um eine Möglichkeit zu finden, wie man es anders und besser machen kann. Wir unterhielten uns und nahmen uns vor, es bei diesem Versuch besser zu machen. Probleme sollten nicht totgeschwiegen werden. Wer als erster dagegen verstoßen hat, war

Warst du, ist doch klar!

Tja, lieber Lutz, warum bin ich da wohl spontan auch Teufelchens Meinung?

Weil ihr mich lange genug kennt, und es somit ganz klar war. Ich musste im Eilzugtempo lernen, dass man seine Probleme in Worte fassen muss.

Beziehungsunfähig war eine Ausrede bis jetzt, aber ich wollte die Beziehung nicht aufs Spiel setzen. Von da an hieß mein Spruch, probier es aus, denn es tut nicht weh und wenn du auf Kirsten hörst, lebst du länger.

Sind komisch, deine Sprichwörter, aber wenn sie geholfen haben, okay.

Es geht auch nur so, man muss miteinander jeden Tag um die Beziehung kämpfen. Jeder auf seine Weise und viel miteinander als übereinander reden.

Du sagst es Engelchen, es war keine leichte Zeit für uns. Wir mussten und haben uns zusammengerauft. Denn die Schicksalsschläge sollten noch kommen und da mussten wir uns beweisen, wie stark unsere Beziehung ist.

Es heißt nicht um sonst, in guten wie in schlechten Zeiten.

Aber jetzt alles der Reihe nach. Wir schreiben das Jahr 2006, es war wieder mal der November. Kirstens Mutter kam ins Krankenhaus. Wir erhielten die niederschmetternde Diagnose Lungenkrebs. Sie sollte nicht mehr lange zu leben haben. Das durfte doch nicht sein! Wir wollten heiraten, ihr Bruder im März Papa geworden und Bruni Oma. Sie hat ihr Enkelchen noch kennengelernt. Es war eine schwere Zeit. Wir haben Bernds Geburtstag im Mai noch gemeinsam gefeiert und am 1. Juni 2007 ist sie dann verstorben. Es war und ist ein herber Verlust für uns, denn Bruni war es, die mit ihrer Aura und ihrem Charme der Familie solch einen Glanz verliehen hat. Es war und ist die beste Schwiegermama, die man sich wünschen konnte. Wir hatten unsere Hochzeit schon geplant, sie sollte am 29. April 2008 stattfinden.

Wegen dem Geburtstag deiner Schwester?

Nein. Kisten wollte die Tradition fortsetzen, am 29.04. haben ihre Eltern, ihre Großeltern und ihre Urgroßeltern geheiratet.

Wie habt ihr das nur gemeistert? Bruni zu betreuen und zu unterstützen und gleichzeitig die Hochzeit vorzubereiten? Das gehr doch gar nicht!

Geht auch nicht. Die Hochzeitsvorbereitungen haben wir in die Hände von Weddingplanern gelegt. Sie waren einfach große Klasse. Sie haben alles bestens organisiert und waren auch so rücksichtsvoll, wie es um den Tod von Bruni ging. Der schlimmste Tag für Kirsten war, wie wir uns das Hochzeitskleid aussuchen wollten. Ihre Mutter sollte mitfahren. Ihr war es aber nicht gut und so fuhren Kirsten und ich allein.

Als wir mit dem Hochzeitskleid zurück kamen, stand der Krankenwagen vor der Tür der Eltern. Wir schauten uns beide an und wussten Bescheid, Bruni. Es war Montag und Bruni sollte das Hochzeitskleid nie zu sehen bekommen, denn am Freitag verstarb Bruni im Krankenhaus. So gut es war, dass sie nicht so lange leiden musste, so traurig war es für Kirsten, dass ihre Mutter sie nicht mehr im Brautkleid sehen konnte. Ich verlor mit Bruni die Schwiegermutter die ich als Mutter nie hatte, eine warmherzige, liebevolle und großzügige Frau. Die Zeit der Trauer war kurz, denn die Hochzeitsvorbereitungen nahmen den Platz ein. Weihnachten und Silvester 2007 waren nochmal sehr, sehr traurig, zum ersten Mal ohne Bruni und es war nicht mehr das gleiche, sie fehlte uns sehr. Der April 2008 sollte nun unaufhaltsam kommen und auch das Kapitel 16.

Sind doch schon ein tolles Paar, wehe es ist einer anderer Meinung!!!

Kapitel 16 – Die Hochzeit

Mit dem Heiraten hast du es aber? Jetzt schon des 3. Mal. Willst du Joshka Fischer oder Gerhard Schröder Konkurrenz machen?

Wie kommst du den jetzt auf diese beiden so aus heiterem Himmel?

Ich bin ja wohl der einzige, der ab und an mal einen Lacher setzt.

Ist dir gelungen. Jetzt setze ich noch einen drauf. Es ist eine wahre Geschichte. Wie ihr wisst, wollten wir immer am 29.04. heiraten. Der 29.04.2008 fiel aber auf einen Dienstag. Ich rief beim Standesamt in Darmstadt an und wollte mir den 29.04. reservieren lassen. Da bekam ich zur Antwort, dass ich am 29. nicht heiraten kann, da das in Darmstadt der Behördentag ist und ich könnte gern am Mittwoch den 30.04. heiraten. Ich schilderte ihr nochmals meine Beweggründe, warum ausgerechnet der 29.04., die Beamtin antwortete mir aber das gleiche. Ich wollte meinen Ohren nicht trauen, die Frau vom Standesamt meinte das wirklich ernst.

Man will es gar nicht glauben!

Jetzt weiß ich auch warum man sagt, Beamte sind flexibel wie Bahngleise.

Na nun komm, es sind nicht alle Beamten so.

Nur weil du auch einer bist?

Das war ja noch nicht alles. Wir sind dann nach Ober-Ramstadt ausgewandert und wurden dort vom Bürgermeister getraut. Hat Kirstens Arbeitskollegin Frau Früchtenichts eingefädelt. Die Krönung war dann noch, dass Darmstadt uns für das Aufgebot auch abkassiert hat.

Es ist ein Armutszeugnis für Darmstadt.

Armutszeugnis hin, Armutszeugnis her. Es musste vielleicht so sein, denn mit Ober-Ramstadt habt ihr es dann ja super erwischt.

Ja, es war eine sehr schöne Trauung. Der Bürgermeister hat eine wunderschöne Hochzeitsrede gehalten. Sie war wunderbar auf uns zugeschnitten, also sehr persönlich. Am Ende können wir Darmstadt ja noch dankbar sein.

Der eigentliche Hammer war dann die kirchliche Hochzeit, oder?

Ja, ja und ich durfte nicht mit rein.

Tja, wärste Engelchen geworden, dann hättest du die wunderschöne Braut gesehen. Wie sie von ihrem Vater zum Altar geführt wurde. Das Kleid eine Augenweide.

Wie sie so um die Ecke kam, ich wollte meinen Augen nicht trauen. Mein Mund stand vor Erstaunen offen. So eine hübsche Braut habe ich ja noch nie gesehen und das wird deine Frau. Schon dafür hat es sich gelohnt noch mal zu heiraten, liebes Teufelchen.

Glaub ich dir, denn ich habe sie vor euch gesehen, wie sie aus der Limousine gestiegen ist. Wie ich sie sah, wurde ich ein bisschen neidisch auf unsern Lutzie. Ich wäre da gern an seiner Stelle gewesen.

Du vor der Kirche, Teufelchen, Teufelchen. Was ist aus dir geworden.

Denkt ihr, ich lass mir dieses Schauspiel entgehen. So etwas Schönes bekommt man nicht alle Tage zu sehen. Und der Schönheit habe ich nie entsagt. Und außerdem muss man ja mitreden können.

Mitreden, das ich nicht lache. Neugierig warste.

Egal wie du es nennst, es hat sich gelohnt.

Das stimmt, ihr ward ein Traumpaar. Kirsten in ihrem champagnerfarbenden Brautkleid und du in deinem dunkelbraunen Hochzeitsanzug. Gut auf einander abgestimmt.

Nach der Trauung kam dann die Fahrt nach Bickenbach ins Treibhaus.

Wieso seid ihr denn ins Treibhaus gefahren? Konntet ihr nicht in einem vernünftigen Lokal eure Hochzeit feiern? War es so kalt an diesem Samstag im Mai?

Im ersten Moment wusste ich gar nicht was du meinst, der Landgasthof hieß „Zum Treibhaus". Es war ein strahlendblauer Maitag. Wir hatten so ein Glück mit dem Wetter, wir sind mit dem Fotografen ins Rapsfeld. Wir wurden in Bettlaken eingehüllt und dann mitten rein ins Rapsfeld.

Das sind ja traumhaft schöne Bilder geworden. Auch die Lokation war sehr gut gewählt. Eure Weddingplaner haben ganze Arbeit geleistet.

Ich habe ja von solchen Schnickschnack noch nie was gehalten, aber was ihr da auf die Beine gestellt habt, war schon Klasse und zollt meine Hochachtung.

Von dir ist man solch ein Kompliment gar nicht gewöhnt. Pass nur auf, dass du nicht das erste Teufelchen wirst, dass am Ende des Buches auf die Seite des Engelchen wechselt.

Wird schon nicht passieren. Hast ja genug dafür getan. Die Zeit mit dir war und wird nie langweilig, als Teufelchen. Deshalb werde ich hin und wieder schon mal ein Kompliment an deine Adresse absenden können, ohne die Fronten zu wechseln.

Ihr seid mir schon zwei Helden. Kirsten und ich hatten den längeren Atem. Denn es sind jetzt 10 Jahre, die ihr verheiratet seid. Wie hast du gesagt, hört auf eure Frauen und ihr lebt länger. Kirsten verdient auf jeden Fall einen Tapferkeitsorden.

Du willst mir doch nicht einreden, dass du meine Frau bist, Engelchen. Nur weil du weiblich bist und ich männlich. Und einen Tapferkeitsorden bekommst du auch nicht. Das ist was für Menschen.

Ich weiß was ich an meiner Kirsten habe. Den Orden den sie verdient muss erst noch erfunden werden.

Sie tut dir ja auch ausgesprochen gut, nicht nur das sie gut aussieht, nein sie ist auch noch klug und diplomatisch. Sie nimmt mir sehr viel Arbeit ab und so kann ich das Teufelchen ein wenig auf Distanz halten. Er kann dann nicht so viel Blödsinn aushecken.

Schön, hackt nur auf mich rum. Lenkt ja schön vom eigentlichen Thema ab.

Nein macht es nicht. Wir kommen zum nächsten Kapitel.

Teufelchen mach die Augen zu, es ist ein Bild aus der Kirche.

Kapitel 17 – Casper

Ach ja, Gott hab ihn selig, den Casper. Er ist jetzt im Hundehimmel, das war dein Hund.

Zweieiige Zwillinge trifft es eher.

Tja, wir waren für einander bestimmt. Er war mein ein und alles.

Ich denke, das war deine Kirsten, siehste Engelchen. Waren alles nur leere Worte. Traumfrau und so.

Er kam natürlich gleich nach meiner Frau, auch wenn es manchmal nicht so aussah. Ein Pudel-Terrier-Mix aus Nordzypern. War schon irgendwie kurios, wie er zu uns gekommen ist. 2005 haben wir entschieden uns einen Hund zuzulegen. Freunde von uns halfen uns bei der Auswahl. Sie hatten Hundesachverstand. Wir ließen uns von ihnen beraten. Kirsten wusste nur den Namen des Hundes schon, das andere durften Pfeiffers entscheiden.

Und wie sollte der Hund denn nach Kirstens Meinung heißen?

Er sollte Casper heißen. Pfeiffers sagten nur, jetzt wissen wir genau was ihr sucht und lasst uns mal machen, wir melden uns bei euch. Es dauerte keine Woche, da rief Marion an und teilte uns mit, dass sie den idealen Hund für uns im Internet gefunden hätte. Sie hat auch schon dort angerufen und wir könnten ihn uns morgen anschauen. Es war im tiefsten Kracher in Erbach. Es war Winter, der 29. Dezember, und wir mit fünf Mann zum Anschauen gefahren. Das kuriose war, dass der Hund im Internet ausgeschrieben war mit „mein Name ist Casper und ich suche ein neues zu Hause".

War das Vorsehung, ich hatte meine Hände nicht im Spiel. Was gab es da zu überlegen?

Na nichts. Die Besichtigung lief genau so ab, wie es sein sollte. Casper ging zu jedem der fünf Personen und schnupperte. Dann traf er seine Entscheidung und sprang auf das Sofa und legte sich zwischen uns. Als wollte er uns sagen, da bin ich und nun werdet ihr mich nicht mehr los. Er hatte sich sein neues zu Hause ausgesucht. Wir durften ihn aber nicht gleich mitnehmen, da Silvester vor der Tür stand und er in gewohnter Umgebung die Knallerei erleben sollte. Am 01.01.2006, 14:00 Uhr, wollte uns die Vermittlerin ihn dann bringen. Ich musste arbeiten, hatte etwas früher Feierabend gemacht und dann warteten wir auf unseren Casper.

14:30 Uhr war es dann soweit. Er betrat sein neues zu Hause. Er war noch etwas scheu, aber er fühlte sich schnell hier zu Hause. Am Nachmittag sind wir dann zum üblichen Neujahrsessen zu den Schwiegereltern gegangen. Er hatte wenige Schwierigkeiten sich schnell zum Liebling der Familie zu entwickeln. Wenn ich dann Frühdienst hatte und Kirsten musste ja jeden Tag um 6:30 Uhr aus dem Haus, stand Bruni schon am Fenster und winkte Kirsten zu. Kaum war sie mit dem Auto losgefahren, sagte Bruni zu Bernd: „ Hol doch den armen Casper rüber, damit der arme Kerl nicht so lange alleine ist." Es waren keine 5 Min vergangen.

Ja, ja, er war euer aller Kinderersatz. Es war rührend wie ihr euch um den ach so armen Kerl gekümmert habt, er hätte es nicht besser treffen können.

Ich hatte zu diesem Zeitpunkt Sendepause. Es drehte sich alles um Casper.

Er hatte es uns aber tausendfach mit seiner Liebe zurückgegeben. Er war ein pflegeleichter Hund und hat uns über die schwierige Zeit 2006 mit der Diagnose und 2007 mit dem Tod von Bruni hinweggeholfen, oder wenn man frustriert von Arbeit kam. Der kleine Kerl stand an der Tür, wedelte mit dem Schwanz, freute sich, dass Herrchen von Arbeit kam und jetzt mit ihm Gassi ging. Kaum waren wir im Wald und der Ärger war wie weggeblasen.

Was ja wohl jeden Tag so war. Du und die Arbeit, standen doch schon längst auf Kriegsfuß.

Mit dem Knast hatte ich es nicht mehr. Ich bin sehr ungern hingegangen. Meinem Abteilungsleiter konnte man es sowieso nicht recht machen und wenn es um Beförderungen ging, stand ich bei ihm auch ganz unten auf der Liste. Ich hatte nochmal Glück und wechselte die Abteilung. Hatte dort eine sehr sympathische Abteilungsleiterin, aber im Punkto Beförderung konnte sie auch nichts machen. Die Anerkennung blieb aus und so fraß sich die Krankheit immer mehr voran.

Du meinst deine Depression? Hoffnung gemacht bekommen und dann doch wieder enttäuscht worden sein. Naja ….

Das ist nicht einfach. Nur das der Hammer erst endgültig 2009 fiel, ist schon bemerkenswert.

Wir hatten noch andere Probleme zu bewältigen. Der Umzug oder besser der Auszug oder die Flucht von unseren Untermietern, raubte uns den Schlaf und die Nerven.

Wir mussten uns nach einer neuen Wohnung umschauen und im August 2009 war es dann so weit, dass wir den neuen Mietvertag unterschrieben haben. Der Umzug zog sich dann noch bis November hin, da die Wohnung generalsaniert wurde.

Kapitel 18 - Mein Aus

Wir sind dann zu dritt in die Heimstättensiedlung gezogen. Unser Casper hatte seinen Garten. Die Küche hat reingepasst, nur das Bad war eine Verschlechterung. Alles in allem, Glück gehabt.

Kleines Bad nennst du das, das ich nicht lache. Das Bad gehört in die Puppenstube, aber nicht in so eine große Wohnung.

Durch den Ausbau der Badewanne und dem Einbau der Duschkabine, wurde wenigstens noch Platz für die Waschmaschine geschaffen.

Ich bleibe dabei, Puppenstube und basta.

Man kann nun mal nicht alles haben. Das Beste war, dass die Wohnung bis auf die Grundmauern abgerissen wurde und dann neu renoviert wurde. Die Elektronik wurde auf den neusten Stand gebracht. Alles wurde nach unseren Vorstellungen hergerichtet, ob es die Tapete oder der Fußboden war.

Musstest du auch mal wieder körperlich schwer arbeiten, ich sah dich noch, wie du die Tapete von der Wand geholt hast. Das Gefühl war dir doch schon fremd, gib es zu!

Es war sehr anstrengend, aber ich wusste ja für wen ich es mache, dass es für mich und meine Familie war. Im November sind wir dann umgezogen. Der Umzug war gut vorbereitet, so dass wir gegen Mittag fertig waren und schon mit dem Einräumen beginnen konnten. Es war der 21.11.2009. Am Sonntag haben wir dann die Lampen angebracht. Wir hatten beide eine Woche Urlaub und haben dann alles eingeräumt, denn die Garage stand voll mit Kartons. Im Dezember bin ich dann wieder arbeiten gegangen.

Und dann kam der große Zusammenbruch.

Lass es Lutz selber erzählen!

Nein, denn so bescheuerte Fallen kann nicht mal ein Teufelchen stellen. Es war Mittwoch, der 02.12.2009 und das Telefon sollte von der alten Wohnung auf die neue Wohnung umgestellt werden.

Du solltest aber noch erwähnen, dass ich auf Arbeit auch Ärger mit den Kollegen hatte. Konnte aber um 10:00 Uhr von der Arbeit gehen, weil ich meinen

Schwiegervater aus dem Krankenhaus abholen durfte. Ich war damit schon hochgradig bedient.

Papperlapapp, ob nun hochgradig bedient oder nicht. Lutz nahm sein Handy und rief bei Vodafon an. Dort sagte man, dass man das Telefon freigeschaltet hat und dass es dann nur am Telefon selbst liegen kann.

Ich fragte den Herrn, welche Leitung den Freigeschaltet wurde.

Bitte unterbrich mich nicht laufend, ich kann auch eine wahre Begebenheit richtig wiedergeben.

Entschuldigung.

Es ist gut, weiter im Text. Meine lieben Leser, jetzt kommts. Der Herr von Vodafon sagte voller Selbstbewusstsein, natürlich die Koblenzer Str. 10. Natürlich die Koblenzer Str. 10.

Dort war ich doch aber gerade ausgezogen und in die neue Wohnung eingezogen.

Wir trauten unseren Ohren nicht!

Jetzt hängst du dich auch noch rein. Lasst mich doch auch mal was von Anfang bis Ende erzählen. Daraufhin sagte der clevere Herr, tja wie das passieren konnte, kann ich ihnen auch nicht sagen. Lutz legte auf und brach zusammen, dass er nicht gleich losgeschrien hat, verstehe ich bis heute nicht.

Jetzt ich wieder. Casper stand vor mir und schaute mich an und wedelte mit dem Schwanz, als wollte er mir sagen, komm Herrchen wir gehen in den Wald Gassi .

Gott, sei dank!

Lange nicht gehört!

Gott sei Dank hattest du deinen Casper!

Willst du mich provozieren?

Wenn du immer wieder darauf anspringst.

Casper war der Punkt, der das Fass nicht zum Überlaufen brachte. Der Waldspaziergang war für mich nur ein Grübeln. Und somit ist Casper mit mir spazieren gegangen und ich nicht mit ihm.

Du bist also nach Hause gekommen, als nervliches Wrack losgegangen und als nervliches Wrack zurückgekommen.

Ich bin am nächsten Tag zum Hausarzt und habe mich krankschreiben lassen. An diesem Tag habe ich noch mit Neurologen telefoniert, um einen Termin zu bekommen. Zu Kirsten habe ich nur gesagt, dass ich am Ende bin und mir jetzt professionelle Hilfe hole. Die Praxen der Neurologen waren überfüllt. Dann hatte ich im Neurologicum Griesheim Glück und hatte für den darauffolgenden Montag noch einen Termin bekommen. Mein behandelnder Arzt sollte Dr. Hartmann werden.

Du bist, egal wie tief du in der Scheiße steckst, vom Glück gesegnet. Igitt, was war das denn eben.

Ich dachte, ich höre nicht richtig. Gesegnet, aus deinem Munde.

Bei euch beiden, kann schon mal so ein Lapsus passieren. Auf jeden Fall habe ich den Spott auf meiner Seite.

So ist es und wir dürfen mal richtig herzhaft lachen.

Bitte schön, dann aber gleich, sonst kommen wir nicht weiter.

Auf jeden Fall sollte sich Dr. Hartmann als Glücksfall für mich und die ganze Familie herausstellen. Jetzt mache ich aber weiter. Dr. Hartmann diagnostizierte Mittelschwere Depression. An eine Fortsetzung meiner Arbeit in der JVA wäre vorläufig nicht zu denken.

Warste doch froh, die Scheißarbeit warste los. Konntest den ganzen Tag auf der faulen Haut liegen und musstest am Tag nur 3 mal mit Casper Gassi gehen. Und die Fremdwörter die du da gerade in den Mund genommen hast, schreiben konntest du die aber fehlerfrei nicht. Gut dass es die Rechtschreibprüfung gibt. Doch was anderst wie Schule mit „H" oder ohne „H".

Teufelchen hat Recht mit seiner Befürchtung, denn so ohne Hobbys. Den ganzen Tag faulenzen, mit der Zeit wird das langweilig.

Noch gibt es ja den Computer, da kann man ja spielen, so lange bis der Arzt kommt. Du hast dich schön hängen lassen und das Leben an dir vorbei ziehen lassen.

Ich habe irgendwie nur funktioniert.

Das ist das richtige Wort „funktioniert".

Jetzt den Übergang zum nächsten Kapitel zu finden wird schwer. Denn für den Leisberg ist es noch zu früh.

Leisberg war 2011 und es fehlt vollständig 2010.

Lutz, wie machen wir jetzt weiter?

So atok habe ich auch keine Lösung. Ich muss mal eine Nacht darüber schlafen, dann wird mir schon was einfallen.

Ach man, ich bin gerade so in Fahrt. Es war für dich doch sowieso ein verkorkstes Jahr. Ich mache einfach weiter.

Teufelchen, es ist immer noch mein Buch und wir machen morgen weiter.

Ich denke da sofort an Bali.

Wir machen morgen weiter mit Kapitel 19.

Kapitel 19 – Was noch so alles geschah

Ja, ja morgen, es ist abends und du hast dir ganz schön Zeit gelassen.

Ich gebe zu, der Künstler weiß nicht so recht weiter. Ja, wenn ich an die schönen Zeiten denke fallen mir sofort die Urlaube ein.

Na dann haben wir doch schon ein Thema, nehmen wir die Urlaube. Passt auch zur Überschrift.

Dann geht's los mit Bali 2002. Der Euro war gerade eingeführt und wir fliegen nach Bali, wo der Dollar gilt.

Egal, war doch eine Reise wert.

Klar, ich denke da nur an die Vulkanberge, die ständig rauchen. Man könnte denken, da ist der Teufel zu Hause, ist er aber nicht. War aber sehr heimisch für mich.

Kannst ja hinziehen.

Quatsch, was sollte denn unser Lutzie ohne mich machen. Das geht gar nicht.

Richtig Teufelchen, ich wäre unfähig zu handeln.

Das bist du auch mit mir sehr oft.

Lutzie, es ist manchmal besser die Klappe zu halten und sich sein Teil zu denken. Hast doch mit Kirsten den besten Lehrmeister.

Es war einfach nur schön in Bali. Der Knaller war unser Hotel. Wir waren im Radison Bali untergebracht. Es war ein Urlauber- und Konferenzhotel. Es lief zu der Zeit gerade der Asiatische Radiologenkongress. Beim Frühstück wir in Badesachen, kurze Hose drüber und Badelatschen und die Damen und Herren vom Kongress in Anzug und Kostüm.

Haste schön die Kurve gekriegt. Das Bild war jeden Morgen aufs Neue zum Schmunzeln. Es störte sich auch keiner daran. Es war so und basta.

Abends sind wir dann in den Strandlokalen essen gewesen. Man war das billig. Für 12 € Vorspeise, Hauptspeise und Nachtisch. Für 2 Personen, plus Getränk.

Das war wirklich spottbillig. Und wo war dein schlechtester Urlaub?

Der war 2004 in Tropea/Italien. Dort haben sie um 22:00 Uhr die Bordsteine hochgeklappt und dann ging nichts mehr. Wir sind in der Nachsaison dort gewesen. Die Süditaliener haben mit den Urlaubern schon abgeschlossen.

Dafür war Rom 2004 der Hammer. Du auf den Spuren von Dan Browns „Illuminati" und Kirsten auf den Spuren der alten Römer.

Wie Kirsten 3 Filme im Forum Romanum verknipsen konnte, ist mir trotzdem ein Rätsel. Du mit deinen Kirchen bist mir ganz schön auf die Ketten gegangen. Da war mir Kirsten dann doch lieber, Collosseum, Circus Maximus, Spanische Treppe und dem Anwesen der Borgias und Medicis.

Na komm, der Petersdom mit dem Grab Petris hatten auch ihre Faszination. Für mich natürlich mehr wie für dich.

Witzboldin, bin doch gar nicht reingekommen. Auch wenn Kirsten und Lutz die ersten waren. Der Petersdom ist für Teufelchen nun mal tabu.

Entschuldigung ich vergaß. Trotz Zutritt waren die Katakomben von San Sebastian nicht mein Ding. War alles so düster und dunkel. Die Christen haben sich vor den Römern dort versteckt.

5 Tage Rom war schon anstrengend, aber trotzdem wunderschön. 2003 waren wir dann mit Schwiegereltern in Fuerteventura. 2005 wie es sich für anständige Deutsche gehört auf Malle.

Ich kann mich gar nicht an den Ballermann erinnern!

Waren wir ja auch nicht, wir waren in Paguera. 2006 folgte dann Lanzarotte mit dem Ausflug in die Lavaberge. 2007 sollten wir mit Kreta einen Reinfall erleben. Aber 2008 war dann unsere erste Kreuzfahrt. Sie führte ins Mittelmeer. Mit dem Bus nach Savona, von dort mit dem Schiff nach Neapel und zum Ausflug nach Pompee.

Das war was für mich, Pompee und die Mafia von Neapel.

Hast bloß keinen Mafiosi getroffen.

Egal, aber ich habe sie gespürt.

Ist ja gut. Von da aus ging es nach Ägypten. Wir machten in Alexandria halt und sind dann mit dem Bus nach Kairo gefahren. Dort haben wir die Pyramiden von Gizeh und das Ägyptische Museum angesehen, Kirsten wollte schon Thutis`Maske mitnehmen. Ich sagte ihr nur, dass die Gefängnisse nicht so luxuriös wie die Deutschen wären. Daraufhin hat sie es sich dann aber anders überlegt.

Ha, Ha, Ha.

War ein Scherz.

Dann kam ein Badetag an Bord. Den Landausflug in Limassol haben wir nicht gemacht. Dann ging es nach Athen und zur Akropolis.

Mensch sind die Griechen arm. Die können sich nicht mal Fenster in der Akropolis leisten.

Der Scherz ging ins Leere.

Locker bleiben, Engelchen. Wir wollten doch nicht alles so ernst nehmen, da wird auch so ein Scherz gern mal genommen.

Ha, Ha, Ha.

Hej, was ist los mit euch, wir sind doch noch bei den Urlauben. Kein Grund zur Panik. Also unsere Mittelmeerkreuzfahrt führte und dann nach Rhodos und Olympia und dann zurück nach Savona. 2008 sollte dann unsere Nordkapkreuzfahrt folgen. Diese Kreuzfahrt war bis jetzt nicht zu übertreffen. Von Kiel führte uns die Reise nach Kopenhagen zur Kleinen Meerjungfrau und zu Prinzessin Mary. Wir haben uns dort zum Kaffee einladen lassen.

War keiner da, oder?

Sie haben sich entschuldigen lassen. Waren staatsmännisch nicht abkömmlich. So mussten wir mit dem Bild von Königen Magarete, König Carl Gustav von Schweden, Königin Silvia und Prinz Henrik vorlieb nehmen.

Genau so war es, und wenn sie nicht geflunkert haben, dann leben sie noch heute oder haben eine lange Nase wie Pinoccio.

Von da aus ging es in die Fjorde, in den Geiranger Fjord und zum Geiranger Berg. Der Pass hinauf wurde einen Tag vorher geöffnet, so konnten wir mit dem Bus bis nach ganz oben. Wir hatten einen phantastischen Ausblick auf unser Schiff, wir konnten es von der Aussichtsplattform sehr gut sehen.

Ist doch phantastisch, oder? Von dort ging es noch bis ganz hoch. Rechts und links 2 m hohe Schneeberge, einfach genial. Danach ging es nach Trondheim, die 3-größte Stadt Norwegens.

Oslo, Bergen und dann Trondheim.

<u>Geografie 1, setzen.</u>

Höre ich da Neid heraus? Du hast es doch nicht so mit Städten oder Hauptstädten.

<u>Ja ein bisschen schon, ich kenne meine Schwächen auch, aber dies in einem anderen Buch.</u>

Die Stadtrundfahrt war großartig und jeden Cent wert. Die Kathedrale, das Norwegische Dorf und das Universitätsgelände, einfach sehenswert.

Nun kam das Nordkap.

Glück gehabt mit dem Wetter?

Ja, bis 22:00 Uhr ging das Wetter, so haben wir viel und weit sehen können. Dann schlug das Wetter urplötzlich um. Man konnte überhaupt nichts mehr sehen und durch den aufkommenden Sturm nicht mal mehr Bilder machen. Gott sei Dank.

Meine Güte, geht es dann nicht anders.

Also sind wir dann in das große Gebäude geflüchtet und haben uns im dortigen Kino einen Film über Spitzbergen und den Polarlichtern angesehen. Nach 2 Stunden Aufenthalt ging es zurück zum Schiff. Die Rückfahrt dauerte 20 Minunten länger. Eine Rentierherde meinte auch, sie müsste uns einen Gruß erweisen und blieb mitten auf der Straße stehen. So blieb der Bus auch stehen und fuhr erst weiter, als die Rentiere die Fahrbahn wieder frei gegeben hatten. Das kann dann eben schon mal 20 Minuten dauern.

In Norwegen haben die Rentiere immer Vorfahrt.

Wie in Deutschland die Radfahrer, oder besser, wie die Radfahrer das meinen. Dort wurde es ja überhaupt nicht dunkel.

Teufelchen, es war in der Nähe vom Nordpol, da wird es im Sommer ganz, ganz spät dunkel. Aber nie stockeduschter. Und im Winter wird es nie richtig hell.

Stimmt, habe ich vergessen.

Dann sollte die letzte große Stadt vor dem Nordkap kommen, Tromsö. In Tromsö haben die Polarexpeditionen ihre Ausrüstung und den Proviant gekauft, bevor sie dann ins ewige Eis mit ihre Hundeschlitten gefahren sind.

Nach einem Seetag kamen wir dann nach Bergen. Bergen hatte es uns angetan, wir wären am liebsten gleich dort geblieben. Es war so schönes Wetter und die Bootsfahrt durch die Fjorde, einfach traumhaft.

Es gibt in Bergen aber nicht nur Sonnentage, lieber Lutz und liebe Kirsten.

Aber es gibt die Fjorde mit ihren schönen Villen, die ihr euch wohl nicht leisten könnt.

Man wird doch wohl noch träumen dürfen.

Das waren die Urlaube ohne Hunde.

Jetzt kommen die Urlaube in Deutschland mit Hund. Erst mit Casper 2010 Pfronten, 2011 Großenbrode, 2012 wieder Pfronten und 2013 Söll.

Ach ja, Söll in Deutschland. Na Lutzie haben wir auch eine kleine Geographieschwäche?

Lustig, jetzt muss ich auch mal lachen. Dir entgeht einfach nichts. Auf jeden Fall haben wir erst mal festgestellt was Deutschland für schöne Ecken hat. Ich korrigiere Deutschland und Österreich.

Haste Glück gehabt.

Das ist Pfronten mit Oscar und Bolle. So ein Urlaub mit Hund kann sehr erholsam sein!

Nur mit dem Sex ist es schlecht, wenn du Hunde mit im Bett sind.

Jetzt wirst du indiskret.

Wieso indiskret, das sind Tatsachen, nicht war mein Lutziechen.

Ja, unsere Hunde schlafen im Bett und es wird alles getan, dass sie es gemütlich haben. Wer Hunde hat, schmunzelt jetzt. Es ist nicht nur im Urlaub so, auch zu Hause.

Dann haben wir die Urlaube abgehandelt und kommen jetzt zum Jahr 2011.

Nein wir haben immer noch nicht über das Jahr 2010 berichtet.

<u>Was war so wichtig? Lutz sag es uns!</u>

Es war ein Jahr mit Glück und Unglück und so werden wir das Kapitel auch so nennen.

Eckernförde 2017, die Spannung steigt, was wird Frauchen jetzt machen? Wir verpassen nichts.

Kapitel 20 – Glück und Unglück

Das Jahr fing an, dass wir endlich unseren Anschluss bekommen haben. Dafür wollte die Telekom noch unseren Fussboden aufschlagen um die Leitung zu verlegen, haben wir vehement abgelehnt. Denn siehe, da es ging auch so. Dann der nächste Schrecken, unserer Vermieter starb an einer Käsevergiftung. Von der Einnahme bis zum Tod vergingen 3 Tage.

Was es nicht alles gibt.

Kannste laut sagen.

Ich hatte meine ersten Sitzungen bei Dr. Hartmann. Sie waren von großem Vorteil, denn ich bekam gleich einen Termin bei einer Psychotherapeutin, die neu im Haus angefangen hat. Es war eine schwere Zeit, wenn man so mit sich nichts anfangen kann, die Alltagsprobleme nicht mehr gebacken bekommt. Gott sei Dank, …..

Ich werde auch gleich verrückt und bekomme nichts mehr gebacken, dieser blöde Spruch bringt mich noch um.

Um Gottes willen, bloß nicht. Was sollen wir zwei ohne dich machen.

Dann bringt mich nicht um und sagt, lieber Niggese wie Abratzo. Denn Körbel ist nicht umgekommen.

Bist wieder in der Commedy Hall. Das war deine Welt.

Machen wir weiter, also auf Wunsch eines einzelnen Herrn. Niggese hatte ich Casper. Hört sich blöd an, aber was macht man nicht alles für sein Teufelchen. Mit dem musste ich regelmäßig Gassi gehen. Das waren wenigstens drei Verpflichtungen am Tag. Den Rest des Tages spielte ich am Computer.

Ist ja heute nicht viel anderster, nur dass es jetzt das Handy ist.

Ja aber früher waren es spiele, die kein Geld gekostet haben.

Heute müssen wir dringend daran arbeiten, dass die Geldausgaben für Spiele wieder eingestellt werden.

Schön gesagt, aber momentan steigen sie gerade ins uferlose.

Ja, ja ich muss ganz die Finger davon lassen.

Mal an einem Skatturnier teilnehmen, gibt es nichts zu sagen. Aber Skatpalast geht überhaupt nicht. Egal ob Handy oder PC, es kostet richtig Geld.

Bis jetzt haben alle Versuche fehlgeschlagen, aber die Hoffnung stirb zuletzt. Früher war das Problem nicht vorrangig, die Verbesserung meiner Psyche war Hauptaugenmerk. Es wurde besser, aber ich kam um eine stationäre Aufnahme nicht herum. Mit Antragstellung und Genehmigung wurde es Februar 2011 und die Leisbergklinik in Baden Baden wurde für 12 Wochen mein zu Hause.

Jetzt kommt das Kapitel, wo wir lange drauf warten mussten.

Hier sind wir wiedermal aktiv dabei.

Kapitel 21 – Der Leisberg

Diese stationäre Behandlung war unbedingt von Nöten, da die Depressionen schon zu sehr fortgeschritten waren. Der behandelnde Arzt, Dr. Hager, war wieder ein Glücksfall. Er hat die Dinge beim Namen genannt. Für mich gab es kein ausweichen. Klare Aufgabenstellung, klare Abrechnung und Stellungnahme. Entschuldigungen haben nur einen kleinen Aufschub bekommen, nicht mehr und nicht weniger. Ich habe viel gegrübelt und viel überlegt. Bis mir eines Tages Dr. Hager im Einzelgespräch sagte: „ Herr Tischler, sie sind nicht bei der Sache, sie denken zu viel, können die Geschehnisse um sich herum nicht wahrnehmen. Geben sie sich die Chance, lassen sie es heraus, schreiben sie es auf, damit der Kopf frei wird und Platz für Neues hat." So entstand unser großer Auftritt.

Nicht nur großer Auftritt, es waren auch knallharte Analysen.

Der Spaß kam nicht zu kurz. Wir Drei waren schon gut, und diesmal nur wir Drei.

Fang endlich damit an, denn mein Einsatz dauert ja noch ein bisschen, aber drankommen möchte ich heute schon noch.

Wirst du Engelchen, wirst du.

Fang an!!!

Ich hatte Pur aufgelegt und über die Worte von Dr. Hager nachgedacht. 7 Wochen sind vergangen, schöne?

„Na schöne wohl nicht, eher anstrengend?"

„Die Stimme kenn ich doch?"

„Klar, Stimme kenn ich doch!"

„Teufelchen? Du? Wo warst du die letzten 20 Jahre?"

(Künstlerische Freiheit und so!) Ihr versteht?

„Nicht 20 Jahre, 20 Jahre und 10 Monate!"

„Ja, 20 Jahre und 10 Monate, anderster! Wo warst du nach der Alkoholtherapie?"

„Na da, wo du mich hingesteckt hast, ins Pulverfass! Hast mich verdammt. Für dich war ich doch nur Teufel Alkohol!"

„Ja das stimmt. Jetzt sage ich, schön dass du wieder da bist. Du – Du hast mir gefehlt. Warum eigentlich Pulverfass und warum so lange?"

„Du hast mich mit deinem ganzen Müll zugeschüttet, ich kam nicht mehr raus.

„Und wer hat dich dann jetzt rausgeholt?"

„Na Dr. Hager, Frau Baivelmann und Frau Klingel!"

„Super!!!"

„Du warst nicht in der Lage!"

„Mist!!!"

„Hey, gräme dich nicht, bin ja wieder da."

„Klar!"

„Jetzt kannst du mir ja helfen, mich, nach den verlorenen 20 Jahren und 10 Monaten, wieder hier draußen zurechtzufinden." „

„Ich dir helfen? Rollentausch? Soll ich mal lachen?

„Ist das so schlimm?"

„Nein, nein nur komisch."

„Wo ist eigentlich das Engelchen?"

„Na hier!!!"(Endlich mein Einsatz)

„Wo warst du denn die 7 Wochen?"

„Na bei Dr. Hager, Frau Baivelmann und"

„Und Frau Klingel."

„Ja, was dagegen?"

„Nein, ich habe nichts dagegen! Aber warum ihr?"

„Weil wir auch krank geworden sind!"

„Engelchen und Teufelchen krank? Komisch?"

„Ja auch krank! Wir haben mit dir gelitten, gesehen wie du immer mehr deine Kraft verloren hast. Wir konnten dir nicht helfen, du warst gegen Hilfe resistent!!!"

„So schlimm?"

„Schlimmer, aber jetzt bist du ja hier und lässt dir helfen."

„Ja, von den genannten Therapeuten, die ich hier stellvertretend für alle Mitarbeiter der Leisbergklinik nennen möchte, sie leisten tolle Arbeit."

„Haste schön gesagt." Und was hast du in den zurückliegenden 7 Wochen gelernt?"

„Es waren viele Menschen mit vielen Problemen."

„ Sprich, spann uns nicht so auf die Folter!!!"

„Da war Ralf, erst Mitpatient dann richtig guter Freund, wie ihr beide. Ich hab gelernt zu geben und nehmen. Aber nur so viel, wie man kann und nicht meint, so viel muss man geben und nehmen!"

Beide: „ Super, solchen Freund hätten wir auch gern!"

„Habt ihr!"

Beide: „Wen denn?"

„Na mich! Versprochen!"

Beide: „ Lutzie, das wäre toll!"

„Toll habe ich nicht versprochen! Nur anderster!"

„Sag, was war eigentlich schlimm für dich?"

„Da war Winfried, durch ihn musste ich lernen, was mein Pulverfass in mir für Schmerzen hervorrufen kann und wie man sie ertragen kann."

„Schön, dann kannste mich ja Wilfried nennen!"

„Nein, 1. heißt er Winfried, 2. er ist ein Mensch und 3. hat er sein eigenes Teufelchen!"

„Okay, okay und was war noch schlimm?"

„Lass mich überlegen …… Da war ein junges Mädchen, sie war sehr hübsch."

„Du sprichst von Jana?"

„Ja, sie wollte nicht mehr leben."

„Traurig, wenn man sein Leben so leichtfertig wegwerfen will, du kennst das ja!"

Wie singt Pur, "Drachen müssen fliegen", war ihr Lieblingslied, ….. „und man hat nur ein Leben."

Du sagst es, kannst du dich an 1989 erinnern? Dein Selbstmordversuch wegen deiner Sauferei?"

„Ja und ob. Es ging ja gut für mich aus. Ich war auch froh damals ärztliche Hilfe gehabt zu haben."

„Jetzt mal wieder was Gutes!"

„Da weiß ich gar nicht wo ich anfangen soll. Ach ja, bei Schwester Anette und Schwester Isabella. Wir haben eine eigene Therapiegruppe gegründet."

„Du machst Witze?"

„Nein Spaß. Es sollte eine Flirtgruppe mit Schwestern werden. Zwischen den harten Therapiestunden und den vollen Terminkalender der Schwestern blieb immer noch Zeit für Späßchen. Wir haben viel und oft gelacht."

„Bitte erzähl weiter"

„Da fällt mir Irina ein, eine sehr hübsche Frau. Sie hatte Probleme mit ihrer Angst unter Leute zu sein. Ich weiß nicht wie ich es besser sagen soll. Sie hatte immer traurige Augen. Aber gleichzeitig so verletzbare. Sie war sehr unnahbar. Ich konnte mich einige Male mit ihr unterhalten, wurde dann immer traurig, weil ich ihr nicht helfen konnte."

„Ach ja, mein lieber Lutz und sein Helfersyndrom. Da ist es wieder!"

„Da fällt mir Frau Bartlog ein, bei ihr hatten wir Körperwahrnehmung."

„Körperwahrnehmung, nennt er das Wiegen jeden Mittwoch 7:45 Uhr."

„Es sind zwei verschiedene Veranstaltungen." Es ging darum, in sich rein zuhören.

„Und was haste gehört?"

„Gehört habe ich ein nicht einzuordnendes Stimmengewirr und beim Hinsehen, einen leeren Körper mit Arme und Beine dran."

„Ha, leerer Körper und so. Ha, und dann willst du mir weiß machen, du hast zugenommen? Das ich nicht lache!"

„Scherzkeks!" „Ja ich wollte bei der Entlassung nur 85kg wiegen."

„Dieses Schauspiel jedes Mal beim Wiegen, ich hab mich halb tot gelacht. 1,5 kg zugenommen, dann 1,3 kg abgenommen, dann wieder 0,8 kg zugenommen. Es war ein Schauspiel und bühnenreif."

„Seht ihr mal, so haben wir das gar nicht empfunden. Wir meinten das ernst." Als letztes fällt mir ein …"

„Franziska, Ralf seine Mona Lisa"

„Du vergisst aber auch nichts."

„Sie hatte doch die Probleme mit ihrem Gewicht?"

„Ja, ich hätte ihr gern geholfen?"

„Wie? Helfen? Konntest dir doch selbst nicht helfen beim Abnehmen?"

„Mein Helfersyndrom, wir hatten es doch gerade erst davon! Ich musste es lernen, dass man sich auch gut fühlen kann, wenn man nicht helfen kann."

„Ach was mir noch einfällt, was war denn mit Felix?"

„Was soll mit Felix sein?"

„Na, kein Problem mit der Jugend?"

„Ganz im Gegenteil, er hat mir gezeigt, wie leichtes sein kann, mit Wut umzugehen."

„Meinst du, es ist ihm so leicht gefallen?"

„Er hat es auf jeden Fall leicht aussehen zu lassen. Es löste in mir Bewunderung aus."

„Lutz, hör mal, was Pur da gerade singt, alles wird gut - das Schlimmste vorbei - das krisenfeste, chaosfeste Duo muss einander doch verzeihen - alles wird gut"

„Wusste gar nicht, dass du so singen kannst."

„Kannst ruhig gut singen kannst sagen."

„Halt, Engelchen und Teufelchen, es muss für uns so heißen. Das krisenfeste, chaosfeste Trio muss einander nur vertrauen, dann wird alles gut."

Klasse und Schluss.

Es standen noch einige Wochen an, die ich mir hätte sparen können. Sie wurden von Woche zu Woche langweiliger. Ich habe um 2 Wochen verlängert, obwohl es nicht nötig war.

Angst vor der harten Realität des Alltages?

Auch, aber meine Freunde vom Leisberg sind gegangen, Ralf und Eva haben mir gefehlt. Nun, du hast sie doch nach dem Leisberg regelmäßig getroffen!

Ja, unsere Freundschaft hat den Leisberg überdauert, aber dort bin ich die letzten Wochen meinen eigenen Weg gegangen.

War doch auch eine gute Erfahrung!

Kapitel 22 – Mein eigener Weg

Ich hatte meinen Dr. Hartmann und später dann Frau Schneider-Rothaar als Psychotherapeutin. Im Jahr darauf haben wir uns alle in Baden-Baden wiedergetroffen. Danach ging jeder seinen eigenen Weg.

<u>Konntest du wirklich einen Haken am Leisberg machen?</u>

Ja, das Gelernte habe ich nicht vergessen. Der Alltag hatte mich schnell wieder eingeholt. Das Gelernte wollte schnell umgesetzt werden. Pustekuchen, das Leben ließ sich nicht so einfach händeln.

Es hat uns niemand vorher gesagt, dass das Leben einfach wäre und auch nicht wenn man vom Leisberg kommt.

Das musste ich schmerzlich erfahren. Ich bin in ein tiefes Loch gefallen.

Nennen wir das nächste Kapitel „2012", wie den Kinofilm mit John Cusack.

<u>Ganz so horrormäßig wird es jetzt aber nicht, lieber Leser!</u>

Kommt darauf an, wer der Betrachter ist. Für Kirsten war es schon der Horror. Sie saß zwischen zwei Stühlen, weil ich und ihr Vater immer wieder aneinander geraten sind. Oder ihre Probleme auf Arbeit, der neue Chef kam und hat sie als Chefsekretärin weggelobt. In der Materialwirtschaft wurde sie dann gemobbt. Sie musste ganz einfach weg, sie war zu teuer.

<u>Daraufhin hatte sie dann auch noch einen Nervenzusammenbruch, mit Aufenthalt in Bad Kissingen.</u>

Wir hatten das Glück, dass sie auch von Dr. Hartmann behandelt wurde und ebenfalls sehr schnell eine Psychotherapeutin bekam.

Du steuertest auf die Frühpension zu und Kirsten in die Arbeitslosigkeit.

So ist es. Es war keine leichte Zeit. Es hat uns viel Kraft gekostet und Leid gebracht, als Ehe aber enger zusammengeschweißt.

An dieser Stelle sind keine Scherze angebracht. Wir haben alle mitgelitten.

<u>Gab es auch etwas Positives aus dieser Zeit? Dann kam doch der Fußball mit den Kids bei Rot Weiß Darmstadt.</u>

Ich bin mit Casper in Altenheimen gewesen und habe demenzkranken Menschen ein bisschen Freude gebracht. Es wurde Casper aber sehr schnell zu anstrengend. Wir haben das für die Organisation „Tiere helfen Menschen" gemacht. Dann im Dezember bin ich mit Casper Sonntagfrüh spazieren gewesen und habe auf dem Sportplatz von Rot Weiß die ganz Kleinen Fußball spielen gesehen, ach fand ich das süß. Aber dieses Thema sollten wir im nächsten Kapitel noch mal aufgreifen.

Was gibt es noch zu berichten?

Es kam wie es kommen musste. Ich wurde in den Vorruhestand versetzt und Kirsten wurde arbeitslos. Sie bekam wenigstens noch eine schöne Abfindung.

Das war ja das schlimmste Szenario, was euch passieren konnte, zum Teufel noch mal.

Fluchen half nichts. Ich suchte mir einen Nebenjob auf 450 €-Basis. Die Sicherheitsfirmen wechselten sich schnell bei mir ab. Aber letztendlich bin ich dieses Jahr wieder zur besten Firma zurückgekehrt. Danke Alexander Faust und seiner Firma FSD. Es war ein ständiges Auf und Ab. Ich habe immer gedacht in der Justiz gibt es viele Idioten, aber bei den Sicherheitsfirmen gibt es noch mehr. Mit den vernünftigen Kollegen konnte man gut arbeiten, aber die anderen. Teufelchen, die müssen aus der Küche deines Vaters stammen. Nur das blöde war, dass nicht diese Menschen entlassen wurden, sondern ich mich lieber getrennt oder rausgeworfen wurde. Und das so wie ich es sagte, rausgeworfen wurde. Aber Leben geht Weiter und mein Niveau sollten diese Menschen auch nicht werden. So viel dazu, vielleicht in einem anderen Buch.

Wie ging es eigentlich mit Kirsten weiter?

Kirsten hat in der Arbeitslosigkeit keine Minute aufgegeben. Sie hat Bewerbungen geschrieben, Fortbildungsmaßnahmen vom Arbeitsamt besucht. Eine Arbeitsstelle in Frankfurt kurz angetreten, um zu merken, dass es nichts ist und in der Probezeit wieder gekündigt. Weiter Bewerbungen geschrieben, Vorstellungsgespräche gehabt, um dann doch nicht genommen zu werden.

Die heutige Zeit kommt mir vor, als ob man die Abstammungslehre umschreiben muss.

Wie ist das denn zu verstehen?

Der Mensch soll doch vom Affen abstammen. Mir kommt es vor, als ob sie vom Teufel abstammen und statt des Klumpfußes, haben sie alle schlechten Gene von ihm geerbt.

Dann wären sie ja alle mit dir verwandt!

Dann aber nur über 95 Ecken. So schlimm kann nicht mal ich denken, geschweige so handeln.

Mein Spruch war immer „So schlimm wie der Mensch mit dem Menschen umgeht, geht kein anderes Lebewesen mit seiner eigenen Rasse um".

Da ist viel zu viel Wahrheit dahinter. In welchem Jahr sind wir eigentlich? Auf jeden Fall noch 2012, wenn ich richtig im Bilde bin, oder schon 2013? Wollen wir ein neues Kapitel beginnen?

Lass uns den Rest noch hier erzählen, auch wenn es schon in 2013/2014 passiert ist. Am 01.09.2014 war es dann so weit, Kirsten hat beim MdK Darmstadt eine Stelle bekommen. Erst halbtags, dann schnell ganztags, alles befristet auf 2 Jahre. Ab dem 01.01.2016 wurde der Arbeitsvertrag in einen unbefristeten Arbeitsvertrag umgewandelt. Sie hatte wieder eine Arbeit und die macht ihr viel Spaß.

Die Arbeit, die Familie und die Gesundheit müssen harmonieren. Mensch ist das ein schweres Wort.

Welches, Familie?

Nee, das andere!

Harmonieren, du Pfeifen-Heinrich. Ihr Gesundheitszustand hat sich spürbar verbessert und um nichts in der Welt lassen wir es nochmal soweit kommen. Kein Geld der Welt kann uns unsere Gesundheit ersetzen. Lieber etwas weniger in der Haushaltskasse, aber dafür gesund. Wir haben es gelernt und es bis heute gut geschafft.

Mal nicht gleich geschafft. Verzicht üben und nicht mit vollen Händen das Geld zum Fenster rauswerfen. Du bist doch gerade dabei es zu machen, bitte sprich dann nicht von „wir haben es geschafft". Kirsten vielleicht, du noch lange nicht. Deine Spielerei bricht dir noch das Genick.

Deine Spielsucht wird uns auf jeden Fall durch die letzten Kapitel begleiten!

Es ist eben nicht einfach Ich weiß, dass ich es schaffen muss und auch werde. Die Spielsucht darf nicht mein Untergang werden.

Ich wünsche es dir.

Das musst du ganz alleine schaffen, dabei kann die keiner helfen, so gerne ich es auch möchte.

Kapitel 23 – Der Fußballtrainer

Es war zu süß wie die Kleinen in ihren viel zu großen Trikots von einem Tor zum anderen geflitzt sind. Alle hinter dem Ball her. Das Tor immer vor Augen, auch wenn es das falsche war. Egal, Schuss, Tor und Freude. Die Trainer sind draußen fasst verrückt geworden, weil es das falsche Tor war. Einfach süß.

Dann kam die Weihnachtsfeier der alten Herren. Ich sprach den Trainer an, „hör mal Sascha, kann ich dich bei den Kleinen nicht unterstützen?" „Na klar, komm am Dienstag zum Training. „So wurde ich Co-Trainer der G2 Jugend. Ich machte gleichzeitig noch meinen Trainerschein. Ich habe sehr viel über Kinderfußball gelernt. Sascha blieb dann nicht mehr lange, er übernahm die A-Jugend.

Und schwub-die-wub, war unser Lutzie Trainer der G2- Jugend.

Ja, und es machte mir riesen Spaß. Ich konnte gar nicht genug bekommen. Baute gleichzeitig im Sommer eine neue G2 Mannschaft auf und behielt aber auch noch meine G1.

Bis zu dem Tage, wo es nicht mehr ging. Du konntest es nicht mehr schaffen. Du hast dir einfach zu viel zugemutet.

Dir fehlt einfach das Maß.

Ja, es hat nun mal viel Spaß gemacht und ich habe es nicht gemerkt, wie es zu viel wurde. Erst der Stress mit den Eltern brachte es zu Tage. Ich hatte aber einen guten Jugendleiter mit Manfred Schmidt, Danke an dieser Stelle, der mir den Rücken frei gehalten hat und mich unterstützt hat, wo und wann es von Nöten war. Wie wichtig das ist, wurde mir 2017 sehr deutlich gemacht.

Spaß alleine reicht oft nicht. Es müssen alle Komponenten passen! Eltern, die Erziehung der Kinder, der Rückenhalt des Vorstandes und nicht zuletzt die Zusammenarbeit Trainer und Co-Trainer.

Vielleicht auch noch der Erfolg oder Misserfolg mit der Mannschaft

Ihr sagt es. Alle Komponenten trafen viele Jahre zu. Der Erfolg mit den Jungs war einfach großartig. Der größte Erfolg war der Gewinn der Mini EM 2016 in Urberach. Jede Mannschaft wurde einer Mannschaft bei der EM zugelost. Wir zogen Albanien.

Ganz in schwarz liefen wir auf und hatten auf der Brust den Namen Albanien stehen. Im Finale ging es dann gegen Russland. Wir gewannen 4:1.

Es war auch das eingeläutete Ende der Trainerkarriere bei Rot Weiß. Maren, meine Co-Trainerin ging wegen Sam. Sam passte nicht zu uns. Ich verließ die Jungs auch und wollte nochmal mit ganz Kleinen anfangen. Mit den Kleinen, Lutzi`s Ballschule hatte ich das Projekt genannt, bin ich ganz schnell gescheitert. Ich hatte mit allen Eltern im Vorfeld Gespräche geführt und trotzdem sind sie mir in den Rücken gefallen. Ich hatte keine Rückendeckung vom Vorstand mehr. Man warf mir vor, ich würde kein kindheitsgerechtes Training durchführen, ohne sich auch nur einmal das Training anzuschauen. Es war sehr verletzend und ich habe den Verein mit sofortiger Wirkung verlassen.

Hätte ich auch so gemacht, solch einem Arschtritt kann man nur mit Kündigung begegnen.

Ich hätte mir nie vorstellen können, das ich Rot Weiß Darmstadt je verlassen würde. Er liegt nicht nur genau vor der Haustür. Ich habe mich auch sehr wohl gefühlt.

Ich hatte klasse Trainingsbedingungen für die Kids. Ich werde das Vereinsgelände nicht mehr betreten, nur wenn ich mit meinen neuen Verein dort ein Spiel austragen muss.

Dann bist du bei deiner Spezi-Freundin gelandet.

Ja, hier darf ich aus Datenschutzgründen den Namen nicht nennen. „Nein" und „ich hätte keine Ahnung", waren ihre Lieblingswörter. Es dauerte nicht lange, da war ich mit meinen paar Kindern wieder verschwunden.

Jetzt kommt die Endstation. Hoffe ich doch?

So ist es. TSV Pfungstadt ist mein letzter Verein. Im Oktober 2017 sind wir dort aufgeschlagen. Der Abteilungsleiter Damen und Mädchenfußball, Thomas Krömmelbein, auch noch mal an dieser Stelle meinen Dank, hat uns mit offenen Armen empfangen. Er hat mir die Verantwortung für den Aufbau einer Kinder- und Jugendabteilung gegeben. Von anfangs 5 Kindern zählen wir jetzt 36 Kinder. Wir haben gerade die 3. Mannschaft ins Leben gerufen, so dass wir zum Saisonstart mit einer G2, einer G1 und einer F-Jugend-Mannschaft an den Start gehen können.

Wieder viel Arbeit und übernimm dich nicht wieder!

Trainer und Jugendleiter ist zu viel Arbeit. Aber da wir im Moment nicht genug Trainer haben bleibt mir nichts anderes übrig.

Wir behalten ein Auge drauf.

Könnt ihr. Sobald sich ein Trainer für die G1 findet, bin ich nur noch Jugendleiter.

Hoffentlich!

Den Bock hast du aber mit Singapur 22 abgeschossen!

Es ist ein Traum und ich habe ihn mir erfüllt. Ich werde vom 14.06. bis 22.06.2018 nach Singapur fliegen. Für 2022 wollte ich mit Kindern des Vereins auch nach Singapur. Jetzt wollte ich schon mal eine Grundlage legen. Der Schuss ging nach hinten los.

Hätte ich dir gleich sagen können!

Machst jetzt aber einen auf Klugscheißer.

Wie kann ich denn Eltern für 2022 ins Boot holen und was so ein Flug kostet und es ist ja nicht mal so um die Ecke. Und einige Eltern haben sich von dir noch unter Druck gesetzt gefühlt.

Ja deshalb darf man doch noch einen Traum haben und ihn als solchen auch offen ansprechen!

Bei den heutigen Eltern nicht. Die Eltern haben nicht mehr zugehört, wie ich 2022 gesagt habe. Dass es ein Traum und keine Verpflichtung ist, dann gar nicht mehr gehört. Und wie ich dann noch LR mit ins Gespräch gebracht habe, war es ganz aus.

Es war eine Idee für ein zusätzliches Einkommen und wenn es nur für Singapur wäre.

Ja, LR ist nicht jedermanns Sache. Was der Bauer nicht kennt, ….

Die Eltern wollen nicht Singapur und auch nicht LR. Gut dann mache ich eben mein eigenes Ding.

Gut so, deine Entscheidung und ich freue mich drauf.

Kannste wohl laut sagen. Das ist eine ganz andere Welt und wunderschön.

Wir wollen das Kapitel zu Ende bringen.

Eins muss ich aber noch loswerden. Deine Ehrlichkeit und deine Gleichbehandlung aller Kinder ist beispielgebend. Ich habe dich oft genug erlebt, wie du konsequent in der Erziehung der Kinder bist. Den Mannschaftsgeist und den Fair-Play-Gedanken immer wieder so lehrst, dass die Kinder es auch verstehen und umsetzen können.

Leider sieht man heute nicht mehr so viel Trainer im Kinderfußball, die dieses so verkörpern wie du und schon gar keinen mehr, der kein Kind in der Mannschaft hat.

Danke für diese Lobesrede. Kommen wir zum nächsten Kapitel.

Kapitel 24 – Es war ein mal

So fangen doch Märchen an? Welches willst du uns denn jetzt erzählen.

Es geht stark aufs Ende zu, muss ich feststellen!!!

Wir werden dieses Kapitel jetzt Bolle und Oscar widmen.

Also es war einmal Bolle und Oscar.....

stellte nur Blödsinn an, um Aufmerksamkeit zu erlangen. Wir waren am verzweifeln und wollten ihn schon wieder abgeben. Er wollte einfach nicht hören. Dann sind wir mit ihm in die Hundeschule und mein Oscar war ein sehr gelehriger Schüler. Mit dem Hören wurde es besser und die anderen Dummheiten hat er bis heute fast vollständig abgelegt. Er hat seinen Platz in der Familie gefunden. Er bekommt die Liebe und Zuneigung die er einfordert. Die Kuscheleinheiten fordern wir natürlich ein. Die beiden haben uns jetzt somit fest im Griff. Erziehung ist eben alles.

Sagt Bolle und Oscar. Ihren Platz im Bett haben sie auch und Herrchen und Frauchen geben uns gerne von ihren Platz was ab. Wir 2 Drittel und ihr 1 Drittel. Ist doch gerecht verteilt.

Nimm mich nur auf die Schippe. Ich weiß, manches Kind auf dieser Erde hat es nicht so gut wie Bolle und Oscar bei Tischlers. Teufelchen, jetzt nicht übertreiben. Du bekommst noch deinen Auftritt, nur nicht jetzt. Also, Casper hat mir so toll geholfen mit meinen Depressionen umzugehen. Ich hatte durch ihn meine täglichen Aufgaben. Nach seinem Tod war uns sehr schnell klar, dass wir uns wieder einen Hund anschaffen werden.

Im Februar 2015 mussten wir Casper einschläfern lassen, er hatte Krebs. Ich hab geheult wie ein kleines Kind. Im März bin ich dann als Flugpate nach Zypern geflogen und habe Bolle und 4 weitere Hunde aus Lanarca geholt. In Frankfurt haben die neuen Besitzer schon auf ihre neuen Vierbeiner gewartet. Nur Bolles Frauchen war noch nicht da. Als Kirsten dann kam, riss sich mein Bolle von mir los und stürmte auf Kirsten zu. Er hat sich sein Frauchen ausgesucht und ist seit dem unser Mamahund. Bolle füllte den Platz sehr gut aus. 1 Jahr später bin ich wieder mal aus der Internetseite von „Hundeliebe Grenzenlos" gewesen. Da war doch so ein kleiner süßer schwarz-weißer Welpe abgebildet. Denn wollte ich haben. Als nach 1 Stunde Diskussion mit meiner Frau ihr die Argumente ausgegangen sind. Na gut, dann eben noch der Oscar. Ich musste ihn in Hamburg abholen. Er wollte nicht der Liebling werden, er fraß Tapeten von der Wand, fraß Fußleisten und

Die Liebe zu euren Hunden ist schon sehr speziell, um es mal höflich aus zu drücken.

Kapitel 25 - Die Zeit mit LR

Ich ging eines Tages mit den Hunden wieder mal im Wald spazieren. Do trafen wir auf eine Frau, die gerade mit ihren beiden Golden Retrievern Ball spielte. Sie kniete sich hin und mein Oscar, wie von der Tarantel gestochen, flitzte zu ihr hin. Er machte alles was sie zu ihm sagte. So habe ich meinen Oscar noch nie gesehen. Von dem Tag an war sie die Hundeflüsterin.

Mensch ist das Ende nah. Hier ist nochmal volle Konzentration gefragt.

So ist es. Denn was sollen sonst die Leser von uns denken.

Ich hoffe es war ein Scherz?

War es, aber der Leser wird es uns danken, dieses Kapitel sehr ausführlich ab zu handeln.

Versteh ich nicht,, warum soll uns der Leser danken? Er soll das Buch kaufen und basta. Ruhm werden wir nicht ernten, dafür gibt es schon viel zu viele Beiträge mit Engelchen und Teufelchen.

Wir sind ja auch noch nicht zu Ende. Hab Geduld liebes Teufelchen!

Jetzt verlangst du fast Unmögliches. Was mir gerade einfällt, in Oscar steckt auch ein bisschen von dir.

Von mir?

Nein!

Von mir?

Ja. Er ist im Erfinden von Blödsinn sehr kreativ, lässt sich immer was Neues einfallen. Es wird nie langweilig mit ihm. Die Gene hat er von dir.

Toll, bin ich doch nicht so alleine, habe einen Seelenverwandten auf Erden.

Machen wir weiter im Text. Es war ein dunkler, trister Novembertag 2017. Es wurde den ganzen Tag nicht hell. Meine Winterdepression hatte mich wieder fest im Griff. Ich fühlte mich einfach nicht wohl in meiner Haut.

Kein Wunder, vor lauter Frust hast du auch ganz schön Gewicht draufgelegt. Beine einziehen und man kann dich rollen.

Du bist aus dem Keller gekommen und hast geschnieft, als ob du einen Marathonlauf hinter dir hättest.

So kam eins zum anderen und der Höhepunkt Skatpalast spielen.

Ich war einfach nur unzufrieden mit mir und die Welt.

Was gedachtest du denn dagegen zu tun?

Meinst du, so findet man Lösungen für seine Probleme?

Ich wollte es schlicht und einfach aussitzen.

Das falscheste was du nur tun konntest.

Erinnert mich immer so an alte Zeiten. Immer schön den bequemsten Weg nehmen. Bloß nicht nach Lösungen suchen, die vielleicht schwer fallen könnten. Ach Lutz, manchmal bist du ein hoffnungsloser Fall.

Mutti war nicht da, die die Entscheidungen für dich getroffen hat, also was tun? Du hattest ja noch Kirsten und Dr. Hartmann, die werden es schon für dich richten.

So kann man es sagen. Aber ich kann es mir nicht erklären, warum immer dann ein Wink mit dem Schicksal kommt und ich zugreifen kann.

Weil du im Inneren ein ganz lieber und ehrlicher Mensch bist. Der keinem etwas Böses gönnt und seine Freuden auch gerne teilt. Es gibt nicht viele solcher Menschen in dieser Ellenbogengesellschaft.

Du bist auch ein Mensch der klaren Worte, die du jedem kundtust, ob er sie jetzt ab kann oder nicht. Der typische Elefant im Porzellanladen. Jeder könnte dich verstehen, wenn er wollte.

Ich traf die Hundeflüsterin wieder an den besagten grauen Novembertag. Wir gingen gemeinsam mit unseren Hunden spazieren. Wir unterhielten uns über dies und das.

Falsch, du hast ihr ein Ohr abgekaut, geredet und geredet. Sie hat dir nur zugehört.

Sie heißt Birgit und hat tapfer zugehört.

Dann kam der entscheidende Satz, der viel in deinem Leben ändern sollte.

Vom heutigen Standpunkt betrachtet, der wichtigste Satz, um deinem Leben einen neuen Sinn zu geben.

Das ist Birgit mit ihren Mann.

Birgit sagte nur, Lutz kannst du dir vorstellen ohne Psychopharmaka weiterzuleben? Ich war augenblicklich still. Sagte dann nur, wie soll das denn gehen? Birgit: „Wir machen einen Termin aus und dann unterhalten wir uns ausführlich darüber. Kirsten kannst du auch mitbringen, wenn sie was neues wegen ihrer Schuppenflechte machen will. Auch da hätte ich eine Möglichkeit."

Man muss wissen, darüber hast du ihr auch in der einseitigen Unterhaltung erzählt.

Als ich dann nach Hause kam erzählte ich Kirsten von der Begegnung und 5 Tage später hatten wir dann den Termin bei ihr. Es war ein sehr langer Termin. Birgit fand was für Kirstens Schuppenflechte. Pro Balance, Aloe Vera Drinking Gel Sivera und Reishi Plus von innen und die Special Care Box von außen.

Für meine Innenreinigung gab es Aloe Vera Drinking Gel Freedom, Pro Balance und Super Omega und für die Winterdepressionen Mind Master Red. Dann sollte ja noch die Abnehmkur kommen. Das ging aber dann erst im Februar los.

Nahrungsergänzungsmittel sollen gegen Winterdepressionen helfen? Hilft doch nur dem Hersteller und du bist wieder mal mit Anlauf reingefallen. Deine Schäferei ist nicht weggegangen.

Weggegangen nicht, aber deutlich weniger geworden. Beschäftigung ist das zweite Zauberwort. Mind Master, Pro Balance und Beschäftigung haben mir die Müdigkeit ausgetrieben und die Winterdepression war weg. Mit der Reduzierung der Psychopharmaka öffneten sich auch die grauen Zellen im Kopf.

Jetzt fängst du an zu spinnen. Du nimmst doch immer noch genügend von diesen Pillen und Kapseln.

Die Rechnung ging nicht ganz auf. Ich muss noch ein paar nehmen, aber die Dosis ist wesentlich kleiner. Der Serotoninmangel lässt sich nur durch diese beiden Kapseln händeln. Es sind keine 6-7 Tabletten mehr.

Ja, keine 6-7 Tabletten mehr. Es sind jetzt fast 20 Tabletten oder Kapseln.

Tabletten und Kapseln von LR sind aber blanke Natur, ohne Nebenwirkung. Sie helfen und sind gesund, auch wenn der gewünschte Effekt länger brauch. Denn sie decken ein breiteres Spektrum ab als die Arzneimittel.

Es ist schon ein Schauspiel wenn Kirsten und ich ihre Mahlzeiten an Tabletten zu sich nehmen. Es tut uns gut und hilft, das ist wohl die Hauptsache. Birgit nahm mich am 11. Januar zum Starterseminar mit. Dort habe ich den 4-Sterne-Präsident Holger Kunath reden gehört, ich war begeistert. Mit LR-Produkten Geld verdienen, Klasse. Noch dazu bin ich von vielen Produkten überzeugt, da ich sie ja selbst nehme.

Aber sie sind auch ganz schön teuer!

Was verstehst du unter teuer? Du darfst nicht nur den Preis sehen. Du musst auch fragen, wie lange hält so eine Flasche und dann kommst du auf einen Tageswert. Dann musst du dir die Frage stellen, ist mir dieser Preis meine Gesundheit wert?

Man war das gut erklärt Engelchen.

Habe eben gut aufgepasst, wenn Birgit oder Holger was erklärt haben.

Ich habe auch gut aufgepasst, aber das sind die Fragen, die die Leute da draußen stellen. Sie hören nur den Preis und sind nicht so gut informiert. Der LR-Markt ist nicht umsonst noch so groß. Nicht nur das die Heilkraft der Aloe Vera in Vergessenheit geraten ist, nein, auch die Pharmaindustrie hat uns Menschen gut manipuliert.

Geh doch heute in die Apotheke und suche nach vergleichbaren Produkten zu solch einem Preis und mit diesen Inhaltsstoffen. Du wirst keine finden, geschweige mit den hohen Anteilen an Gesundheitsstoffen.

Mensch habt ihr gut aufgepasst, aber mich müsst ihr nicht überzeugen. Die Leute da draußen müssen überzeugt werden. Vielleicht hilft ja das Buch ein wenig. Network Marketing, zu deutsch – Empfehlungsmarketing - ist gut strukturiert. Es ist sehr gerecht, bevorteilt keinen. Jeder kann erfolgreich sein, er muss nur wollen.

Mit faul auf der Haut liegen ist es nun vorbei, man muss dafür etwas tun. Ist ja auch deshalb so gut für dich.

Vielleicht hört dann die verflixte Spielerei auf.

Genau und das will ich ja.

Aber es geht nicht von heut auf morgen. Man muss Geduld haben und die Fähigkeit Leute ansprechen zu können.

Man kann es alles lernen. Ich bin nach dem Rat von meinem Schwager zum Kaufland gefahren und habe dort versucht Leute anzusprechen.

Und ging in die Hose?

Lass ihn doch mal erzählen und unterbrich ihn nicht laufend!

Ich habe also 6 Flyer verteilt und mehrere Leute angesprochen.

Oh, wie schön 6 Flyer. Klasse, um bei der Wahrheit zu bleiben, armselig.

Das war ein Erfolg und da bin ich voll und ganz auf der Seite von Lutz. Es war nicht wichtig, wie viele Flyer verteilt wurden oder ob jemand anruft. Wichtig ist, dass er es gemacht hat. Übung macht den Meister.

Ich habe mich überwunden und gut gefühlt. So habe ich die Übung nach 1 Stunde abgebrochen. Ich hatte dann weniger Probleme, Leute anzusprechen.

Sind denn auch Abschlüsse bei rausgesprungen?

Nein, leider kein Abschluss. Und glaub mir Teufelchen, die Gespräche liefen gut und dann, ach ich will doch nicht. Das tat schon weh und man darf nicht böse sein oder frech werden. Man nennt es ja wohl gute Miene zum bösen Spiel machen.

Und wann wirfst du hin?

So schnell nicht, denn ich bin von der Richtigkeit des Konzeptes fest überzeugt. Ich brauche nur einen sehr langen Atem.

Lutzie, solche Töne kenne ich gar nicht von dir. Sollten meine Worte nun doch endlich im Gehirn angekommen sein. Früher hätte das schon ausgereicht, dass du hinschmeißt.

Kann sein Engelchen, ich habe gewusst das es schwer wird, dass es so schwer wird aber nicht. Ich habe mich für diesen Weg entschieden und was kann ich denn verlieren?

Nicht viel, nur Zeit.

Ich besuche viele Veranstaltungen von LR, bilde mich an der Akademie in Ahlen weiter und bereite Vorträge vor. Ich möchte mein Hauptaugenmerk auf LR-Lifetakt richten.

Wo holst du dir immer wieder neue Motivation, wenn die Misserfolge eingeschlagen sind.

Die Einstiegsmotivation habe ich mir auf dem Starterseminar 2018 geholt. Dann werde ich jetzt von einer weiteren Motivationsspritze erzählen. Es wurde ein Wettbewerb für 2018 ausgerufen, in 3 Monaten zum Orgaleiter. Ich habe mir die Bedingungen durchgelesen und ganz spontan gesagt, das will ich schaffen. Ich habe bei jeder sich bietenden Gelegenheit darüber gesprochen, ob die Leute es nun hören wollten oder nicht.

Wie laut haben denn alle gelacht?

Du wirst es nicht glauben, aber keiner hat gelacht, nur es wurde merklich ruhiger.

Die haben sich ihr Teil gedacht, tja unser Lutzie dreht wieder mal am Rad oder hat zu heiß gebadet, oder, oder, oder.

Weiß ich nicht, aber beschäftigt hats mich schon. Die Frage kam immer häufiger auf. War diese Aussage zu vermessen, zu hoch gegriffen?

Tja, was werden die Leute gedacht haben?

Den Satz kenne ich doch irgendwo her?

Früher hieß es, was sollen denn die Leute denken!

Da kommen schon Selbstzweifel auf. Der 29. April 2018. Es ist unser 10-jähriger Hochzeitstag und es war der große LR-Bussinesday in Frankfurt. Kirsten war live dabei und ich habe es zu Hause im Livestream gesehen.

Als Schlussredner kam Thomas Heursen und der sagte sinngemäß folgendes. „In 3 Monaten Orgaleiterquali erfüllen, warum nicht vornehmen?" Ich dachte, er spricht mich jetzt gleich mit Namen an, tat er aber nicht. Aber er sagte weiter, „Ziele stecken, ist doch nichts schlimmes. Viel schlimmer ist, sich keine zu stecken. Am Ende des Jahres wird abgerechnet. Die Zwischenstationen, wie Junior-Manager, Manager, Junior-Teamleiter bis zum Teamleiter liegen alle dazwischen. Eines dieser Zwischenstationen kann man doch aber erfüllen, auch wenn man das große Ziel verfehlt hat.

Bei der Analyse kann man ja nach den Ursachen schauen, warum es nicht geklappt hat. Dann weiß man auch gleich, wo man den Hebel fürs neue Jahr ansetzen kann. Was interessiert mich da was die anderen Leute denken. Ich ganz allein bin für die Erfüllung meiner Ziele verantwortlich und kein anderer. Also Arschbacken zusammenkneifen und angreifen." Das waren seine Worte.

Das waren sehr kluge Worte, dafür würde ich vom Vaddern ein Haar spendieren.

Eins von den drei goldenen Haaren?

Nein, so gut war es nun auch wieder nicht.

Für mich war es aber wieder mal eine Initialzündung. Es waren genau die Worte, die ich gebraucht habe. Meine Selbstzweifel waren wie weggeblasen.

<u>Pass nur auf, erst immer Himmel hoch jauchzend und dann zu Tode betrübt.</u>

Ja, ja, ja, so ist es dann auch gekommen. Ich habe viele Menschen angesprochen, habe Termine mit ihnen gemacht und doch keinen Abschluss zu Stande gebracht. Ich war traurig und enttäuscht. So sind nun mal die Menschen, aber aufgeben werde ich trotzdem nicht.

Warum nicht, dein LR-Geschäft kannst du doch unter der Rubrik „ Pleiten, Pech und Pannen abhaken.

Ich mache weiter!!! Ich habe viel zu viel Geld investiert. Ich habe Menschen wie Kirsten an meiner Seite, die mir den Rücken frei halten. Menschen wie Birgit, solche Chefs findest du in der freien Wirtschaft nicht. Diese beiden sind nur stellvertretend für so viele Menschen, die ich bei LR kennengelernt habe und die ich einfach auch nicht enttäuschen will. Vielleicht mache ich ja auch noch einen oder zwei oder drei tolle Abschlüsse, weiß mans.

<u>Die Chancen stehen 50 zu 50!</u>

Mag sein, es ist aber immer noch besser als zu Hause Däumchen zu drehen. Ich weiß von meiner Ungeduldigkeit. Hier sehe ich aber die große Chance einmal meine Zeit sinnvoll zu nutzen und somit meine Spielsucht in den Griff zu bekommen.

Kapitel 27 – Die Spielsucht

Trugschluss, du spielst bei jeder Gelegenheit mit dem Handy. Das musst du ganz einfach abstellen. Kirsten sollte dein Vorbild sein, sie spielt mal, aber sie kann es jeder Zeit weglegen. Du kannst es nicht.

Jetzt sind wir beim Handy spielen. Teufelchen hat Recht. Jede freie Minute am Handy spielen muss durch sinnvolle Arbeit ersetzt werden. Dieses Skatspiel „Skatpalast" treibt dich noch in den Ruin.

Mir fällt es sehr, sehr schwer die Finger von diesem Spiel zu lassen.

Mensch Lutzie, du hast die Sauferei in der Griff bekommen.

Mensch Lutzie, du hast mit dem Rauchen aufgehört.

Beide: Und dann willst du die Spielsucht nicht in den Griff kriegen.

Das wäre ein Armutszeugnis

Und eine Bankrott-Erklärung, das hast du nicht verdient.

Du musst es wollen, ganz fest wollen und dann schaffst du es auch!

Du weißt, du kannst auf uns zählen. Deinen Hilferuf haben wir gehört, auch wenn er an dein Tagebuch gerichtet war. Willst du darüber reden?

Ja, denn auch das bin ich. Hallo liebes Tagebuch, du bist meine letzte Rettung. Ich bin sehr, sehr traurig. Eigentlich müsste es mir jetzt recht gut gehen, aber nein ich mache mir meine positive Entwicklung durch meine verflixte Spielsucht zunichte. Ich bin gereizt wenn ich verliere und setze dann noch einen drauf. Heute hat die Sucht wieder mal einen Höhepunkt erreicht. Ich muss dringendst gegensteuern, sonst gehe ich daran kaputt. Mit meiner Frau kann ich alles bereden, aber dieses Problem müssen wir beide in den Griff bekommen.

Entschuldige, dass ich dich an dieser Stelle unterbreche. Hier liegt ein ganz schwerer Fehler vor. Du und nur du kannst die helfen, die Spielsucht in den Griff zu bekommen.

Dein Tagebuch ist Papier, da kannst du viel aufschreiben, aber helfen kannst nur du dir. Dein Hilferuf ist leider verpufft. Du musst einen anderen Weg finden. Vertraue dich Menschen an, sprich mit Kirsten darüber.

Habe ich, aber da habe ich mich doch selbst belogen.

Lutz, wenn kein Mittel mehr hilft, dann begib dich in ärztliche Behandlung. Such eine stationäre Suchtklinik auf und lass dir helfen.

Das hast du doch schon 2mal gemacht und auch dann werden wir dir wieder zur Seite stehen.

Mir fällt es immer schwerer das böse Teufelchen zu sein. 58 Jahre an deiner Seite, alle Höhen und Tiefen erlebt. Mit dir gelitten, gestritten, gefiebert und gelacht. Da fällt es einem schwer, dir nur böse Dinge vorzuhalten. Tacheles ist heute die bessere Sprache zwischen uns beiden.

Ich gebe euch beiden Recht. Der Zeitpunkt ist nur sehr ungünstig. Der Urlaub und Singapur stehen vor der Tür.

Dann nehmen wir dir hier und heute folgenden Eid ab. Von Juli bis August wird Rechenschaft abgelegt. Wenn du in dieser Zeit die Spielsucht nicht in den Griff bekommen hast, wirst du eine ambulante Suchtberatungsstelle aufsuchen und dir helfen lassen.

Der zu leistende Eid ist akzeptabel. *Hiermit verspreche ich unter Zeugen, Engelchen und Teufelchen, dass ich spätestens im August eine ambulante Suchtberatungsstelle aufsuchen werde, wenn ich bis dahin meine Spielsucht nicht in den Griff bekommen habe.*

Holzauge sei wachsam.

Das ist ein super Schluss.

Kapitel 28 – Der Schluss

Mir fallen die Worte schwer, eigentlich sollte ein Tagebuch etwas ganz besonderes sein und nur für einen ganz privat. So möchte ich es nicht. Ich teile es mit euch. Ist es denn so schlimm, so offen über seine Probleme, Ängste und Freuden zu berichten? Ist es so schlimm über Selbstzerstörung, Alkoholmissbrauch und Spielsucht zu schreiben? Hat man sich damit nicht schon selbst ins Abseits gestellt? Gegenfrage? Ist unsere Gesellschaft sooo fehlerlos, wie sie immer tut? Ist sie nicht brutal, Ich-bezogen, frei nach der Devise „fressen oder gefressen werden"? Werden Schwächen geduldet, oder brutal vertuscht? Was ist mit Mobbing, Fremdwort oder Alltag? Es gibt auf diesen Planeten keine Lebewesen, die so verlogen und selbstzerstörerisch mit sich umgeht wie wir Menschen. Im Tierreich wird alles für die Erhaltung der Art getan, nur wir Menschen tun alles für ihre Vernichtung.

Das war ein schönes Schlusswort.

Ja wir sind am Ende angekommen. Es war schön mit euch dieses Tagebuch zu schreiben. Es ist nicht allumfassend, aber es gibt viel von mir Preis.

Bist du jetzt traurig oder froh dass es geschafft ist?

Traurig, weil es mir so viel Spaß gemacht hat, mit euch zu streiten und zu freuen. Es war nie langweilig. Wir haben meine Hochs und Tiefs gemeinsam durchlebt und manchmal Lösungen gefunden. Oft half auch das Glück nach. Glücklich, dass ich es jetzt geschafft habe und fertig bin mit schreiben. Die Tasten sind heiß gelaufen und das Ein-Finger-Suchsystem hat den Tasten auch nicht gut getan.

Genug Süßholz geraspelt. Was zu sagen war ist gesagt. Nur einen Titel haben wir noch immer nicht.

Stimmt, hätte ich fast vergessen. Zuletzt haben wir über LR geredet. Wollen wir es LR nennen?

Aber was soll LR heißen?

Lebensretter.

Lustrocker.

Typisch Teufelchen, LR könnte doch auch Lebensroulette heißen?

Aber auseinandergeschrieben und beide Wörter groß.

So nennen wir es: „LR - Lebens-Roulette oder von Einem der Auszog, sein Leben zu verpfuschen" Na wie findet Ihr den Titel?

Ist in Ordnung.

Ich kann gut damit leben.

Wir haben uns vom Leisberg verabschiedet, mit den Worten:

„Das krisenfeste, chaosfeste Trio muss einander nur vertrauen - dann wird alles gut"

Nachwort

Das Leben gab mir immer wieder eine Chance ins Leben zurückzufinden. Dieses Glück möchte ich mich euch teilen, euch bösen und lieben Menschen da draußen. Auch wenn dieses Tagebuch nicht viel lesen, es bringt mich nicht um, denn Leben geht weiter. Jedes Buch endet mit dem Schluss, meins mit dem Anfang. Hier sitze ich nun, mit 58 Jahren und lasse meinen Gedanken freien Lauf. Was mache ich mit dem angebrochenen Tag? Der angebrochene Tag ist rum, es sind viele Wochen und Monate geworden. Aber 58 Jahre bin ich noch immer. Das Tagebuch ist fertig. Was mir die Zukunft so bringt und ob es noch was für dieses Tagebuch gewesen wäre, weiß ich nicht. Das LR - Lebens-Roulette dreht sich trotzdem weiter. LR und seine Produkte werde ich auch weiter empfehlen. Den Jugendleiter für die Kids werde ich auch weiter machen. Meine Frau werde ich auch weiter lieben. Nur mit diesem Buch höre ich auf.

Sagt jetzt nicht schade. Sondern sagt, gut so und legt es weg. Denn sollte es Euch auch mal so schlecht gehen, dann überlegt gut, wo ihr das Buch hingelegt habt.

Denn es kann euch genau so helfen, wir es mir geholfen hat und weiter hilft.

Euer Lutz

Herstellung und Verlag:
BoD- Books on Demand, Norderstedt
ISBN: 9783752880687